句式

현대중국어

10문형 50구문

김 종 호 지음

句型

汉语

HUFS BOOKS

서 문

중국어, 문형과 구문으로 장악한다

문장(ⓒ句子)은 말하는 사람이 전달하고자 하는 의미를 가장 적절히 담는 개별 그릇에 비유할 수 있다. 이 그릇의 구조가 바로 언어마다 일정한 형식으로 표현되는 어순(ⓒ语序)이다. 따라서 중국어 어순은 정보배열에 대한 중국인들의 언어심리가 반영된 결과물이다. 어순은 일정한 형식을 가지는 바, 이를 귀납한 것이 바로 문형(ⓒ句型)이다. 이 책은 문형 속에 들어있는 각 구문(ⓒ句式)의 구조와 구문의미(ⓒ句式意义)에 대하여 집중적으로 설명한다.

이 책의 집필 원칙은 다음과 같다.

첫째, 문형을 중국어에 원래 존재하는 기초문형(통사문형, ⓒ句法句型)과 원래 존재하는 문형을 화자의 표현의도에 맞게 변형한 응용문형(화용문형, ⓒ语用句型)의 두 가지로 나눈다. 전자에는 8개의 문형이 있으며, 이를 다시 37개의 구문으로 나눌 수 있다. 후자에는 2개의 문형이 있으며, 이를 다시 13개의 구문으로 나눌 수 있다. 따라서 본서는 현대 중국어의 문형을 총10개의 문형과 50개의 구문으로 분류한다.

둘째, 이 책에서 제시하는 문형 설정은 기본적으로 술어의 의미특성에 근거한다. 이러한 관점에서 Ⅱ장에서는 술어의 의미특성과 기능에 대해 비교적 자세히 살펴본다. 아울러 술어의 특징, 전치사의 유무, 문형의 변화 유무 등에 근거하여 문형을 분류한다. 이는 문형습득이 단순한 암기가 아니라 문형 구성에 대한 '이해'를 통해 다양한 문형을 '유추'하게 하기 위한 작업이다. 결국, 술어가 문형을 설정하는 가장 기본적인 요소라는 것이 이 책의 중요한 관점이다.

셋째, 이 책은 위에서 말한 '구문의미'를 중시한다. 구문의미란 해당 구문이 가지는 기능적 의미이다. 예를 들어 같은 'SVO' 문형이라 할지라도 이 속에는 총 5개의 구문이 속하며, 각각의 구문이 가지는 의미는 현격히 다르다(구체적인 내용은 이 책 Ⅲ장의 3을 참조). 따라서 구문은 일정한 의미전달을 위한 구체화고 표준화된 일종의 모델이라 하겠다. 본서의 Ⅲ-Ⅴ장에서는 총 50개 구문의 의미와 특징에 대해 자세히 분석한다.

넷째, 이 책은 중국어문형 교육의 관점에서 집필되었다. 따라서 독자들이 중국어의 '10개 문형'과 그에 딸린 '50개 구문'들의 구조와 의미를 충분히 깨칠 수 있도록 각 구문에 대해 명쾌한 '구문분석표'를 제시한다. 또 해당 구문에 대해 20~30개의 참신하고 실용성이 있는 예문들을 제공한다. 독자들이 이 책을 통해 현대중국어의 문형과 그에 딸린 구문을 숙지할 수 있게 되길 기대한다.

끝으로, 우둔한 자를 지탱케 하시는 하나님의 은혜에 감사를 드리며, 이 책의 집필에 음양으로 도움을 주신 선후배동학 그리고 가족에게 존경과 사랑의 마음을 드린다.

이문동 연구실에서 필자 삼가 씀
2010. 12. 30

일러두기

이 책의 구성은 다음과 같다.

1 10개 문형의 배열

먼저 '기초문형'을 배열하고 이어서 '응용문형'을 배열한다. 기초문형은 7개의 '술어문형'과 1개의 '전치사 표지문형'을 간단한 것에서부터 비교적 복잡한 것의 순서로 배열한다. 또 응용문형은 '화제화문형'과 '초점화문형'의 순으로 배열한다.

문형은 간단한 것에서부터 비교적 복잡한 것의 순서로 배열한다.

2 50개 구문의 배열

2.1. 기본 구조: 해당 구문분석표를 통해 가능한 한 쉽고, 부가성분이 적은 구조를 제시한다.

2.2. 구문의미와 구조특징: 먼저 구문의미를 제시하고, 이어서 술어와 필수적인 성분들 간의 의미관계와 구조적 특징을 설명한다.

2.3. 심화 학습: 각종 부가성분을 넣은 다양한 예문 및 비교적 복잡한 문법 현상들에 대해 설명한다.

2.4. 구문 연습: 난이도를 고려하여 배열하며, 현실감과 실용성이 있는 예문을 많이 제시한다.

3 문형 구성 요소에 대한 표기

이 책은 '술어'와 직접적인 의미관계를 가지며, 일정한 문형 혹은 구문의 구성에 있어 빠질 수 없는 요소들을 '문형구성의 필수요소'로서 매우 중시한다. 주로 주어, 술어, 목적어 등이다. 그러나 일부 보어나 전치사를 수반하는 부사어등도 문형구성에 있어 중요한 의미를 가진다고 보아 고려대상으로 한다. 또 응용문형의 경우 화제나 초점성분들도 문형구성의 필수 요소이므로 분석의 대상으로 한다. 이들의 영문 머리글자의 의미는 다음과 같다.

3.1. S: 주어(subject)

부사어나 관형어를 제외한 각종 성분은 주어가 될 수 있다. 따라서 '명사구' 뿐만 아니라 '동사구', '형용사구', '명사구' 및 '주술구'도 위치적인 조건을 갖추면 모두 주어가 될 수 있다. 또 의미적으로도 '행위자' 뿐만 아니라 '행위의 지배대상', '장소', '시간', '도구', '방법' 및 각종 '대상성' 어구들도 주어가 될 수 있다.

3.2. V: 술어(verb)

주어에 대해 '진술', '묘사', '설명'할 수 있는 모든 성분이다. 따라서 동사만을 의미하는 것이 아니라 명사구나 주술구등 술어로 쓰일 수 있는 모든 대상을 지칭하는 말이다.

3.3. O: 목적어(object)

술어와 긴밀한 의미관계를 가지며, 술어의 뒤에 위치하는 모든 체언성 성분들이다. 주로 명사구이지만 용언성구로도 이루어질 수 있으며, 특수한 경우는 전치사구로 이루어질 수도 있다.

3.4. DC: 시량보어(duration complement)

중국어의 보어는 술어 뒤에서 술어를 보충하여 설명하는 문장성분의 하나이다. 이 책은 보어의 대부분을 문형구성 차원에서 술어의 필수성분으로 보지 않는다. 다만 보어 가운데 술어의 시간량을 나타내는 경우는 인간의 행위에 대한 시간량을 표시하는 중요한 요소이므로 분석대상으로 한다.

3.5. PP: 전치사구(preposition phrase)

중국어에서 전치사구는 일반적으로 문장에서 부사어로 충당된다. 그러나 부사어도 술어와 직접적인 의미관계를 가지며, 일정한 정보전달 측면에서 빠지기 어려운 기능적 특성이 있는 경우가 있다. 이 책은 이러한 용도의 전치사구 부사어를 술어의 '(준)필수성분'으로 상정한다.

3.6. T: 화제(topic)

중국어는 형태변화에 의한 문법기능 표현이 매우 적은 언어로서, 상대적으로 언어환경에 크게 영향을 받으며, 특히 한정성이 있는 명사구를 문두에 배열하여 화제로 삼는, 즉 '화제돌출형 언어(topic prominent language)'이다. 화제구문은 어순변형을 수반하는 경우가 많으므로 문형 설정의 어려움이 있다. 그러나 현대 중국어에서 화제구문의 사용빈도나 중국인 화자들의 수용성을 간과할 수 없다. 이점에서 이 책은 화제를 화용문형 구성의 필수적인 요소로 본다.

3.7. C: 진술/평술(Comment)

문장에서 화제에 대해 진술하는 부분(정보)로, 화제를 제외한 요소를 말한다.

3.8. F: 초점(focus)

중국어는 목적어(특히 지배대상) 성분을 행위자 주어와 술어 사이에 배열하여 초점화하는 문형이 있다. 이때 이 위치에서 초점화되는 대상(내용)을 이른다. 또, 복문구조에서 화제화 명사구 간에 보이는 대비초점도 분석대상이다.

이상 용어 외에 명사구(noun phrase)는 'NP'로, 동사구(verb phrase)는 'VP'로 각각 표기한다.

목 차

제 I 장

중국어의 문법특징과 문장의 정보배열

1. 문법 특징
2. 문장정보 배열의 특징

제 I 장

중국어의 문법특징과 문장정보 배열의 이해

1 문법 특징

1.1. 형태표지의 빈약성

중국어의 가장 크고 본질적인 문법특징은 '좁은 의미에서의 형태표지'가 매우 적다는 점이다. 즉 중국어는 단어의 기능을 알려주는 각종 접사의 수가 적을 뿐만 아니라, 단어가 문장 가운데서 운용될 때 형태변화를 하지 않는다.

(1) 他昨天来韩国, (今天回去)。그는 어제 한국에 왔다가, (오늘 돌아간다).
Tā zuótiān lái Hánguó, (jīntiān huí qù).

(2) 他今天来韩国。그는 오늘 한국에 온다. Tā jīntiān lái Hánguó.

(3) 他明天来韩国。그는 내일 한국에 올 것이다. Tā míngtiān lái Hánguó.

예에서 보듯 한국어의 동사 [오다]는 과거, 현재, 미래의 각 시제에 따라 각각 그 형태를 달리하여 표현하나, 중국어의 동사 '来'는 시제에 관계없이 동일한 형태이다.

이처럼, 중국어는 문법기능을 표시하는 형태표지를 중시하지 않는 언어이기 때문에 상대적으로 어순(ⓒ语序)과 허사(ⓒ虚词)를 통해 문법기능을 표시하는 특징이 매우 강하다.

1.2. 어순의 고정성

어순은 중국어 문법기능상 특별히 중요한 기능을 가진다.

기본어순		[주어(Subject)+술어(Verb)+목적어(Object)]
		我 Wǒ+爱 ài+你 nǐ (나는 당신을 사랑합니다.)
보어의 위치		[주어+술어(+보어)+목적어+(+보어)]
		我听懂他的这话了。(나는 그의 이 말을 이해했다.) Wǒ tīng dǒng tā de zhè huà le.
수식어의 위치	관형어수식	[(관형어+)주어+술어+(관형어+)목적어]
		勇敢的他+喜欢+聪明的你。(용감한 그가 똑똑한 당신을 좋아합니다.) Yǒnggǎn de tā xihuan cōngmíng de nǐ.
	부사어수식	주어+(부사어+)술어+목적어]
		他+非常爱+你。(그는 당신을 매우 사랑합니다.) Tā fēicháng ài nǐ.

중국어의 각 문장성분의 위치(어순)는 상당히 고정적이다. 즉 주어는 술어 앞에, 술어는 목적어 앞에 위치한다. 또 보어는 술어의 뒤, 관형어와 부사어 등은 수식어는 피수식어의 앞에 각각 위치한다. 이들의 위치는 특별한 표현을 위한 전치나 후치가 아니면 엄격하게 지켜진다. 이는 바로 어순의 고정성을 말한다. 따라서 어떤 단어가 문장에서 그 위치를 바꾼다는 것은 그 단어의 문장성분 자질(기능)이 바뀐다는 것을 의미한다.

결국, 중국어는 어순이 비교적 고정적이며, 문장에서 단어의 위치는 중요한 문법적 의미를 가지는 특징이 있다하겠다.

1.3. 단어의 겸류성

아래의 표에서 보듯 '在'는 동사, 전치사, 부사의 세 가지 품사의 성질을 공유한다.

在	동사	小李不在家。Xiǎolǐ bú zài jiā. (이군은 집에 있지 않다.)
	전치사	小李在家里看电视。(이군은 집에서 텔레비전을 본다.) Xiǎolǐ zài jiā lǐ kàn diànshì.
	부사	小李在吃饭。Xiǎolǐ zài chīfàn. (이군은 밥을 먹고 있다.)

"在"뿐만이 아니라, 중국어의 적지 않은 단어는 형태변화 없이 문장 속에서 처한 위치에 따라 여러 품사성을 보는 특징이 있다. 이러한 현상을 겸류현상(ⓒ兼类现像)이라 한다. 단어가 가지는 이러한 특징은 결국 하나의 단어가 여러 문장성분으로 충당될 수 있는 근거가 된다. 다음 예를 보자.

春節	주어	春节到了。Chūnjié dào le. (설이 되었다.)
	목적어	我在北京过春节。(나는 베이징에서 설날을 보낸다.) Wǒ zài Běijīng guò Chūnjié.
	관형어	春节晚会开得不错。(설날 파티는 아주 훌륭했다.) Chūnjié wǎnhuì kāi dẹ bú cuò.
	술어	明天春节。Míngtiān chūnjié. (내일이 설이다.)

예를 든 실사(ⓒ实词) "春节"는 위치에 따라 문장의 주요성분인 주어, 술어, 목적어뿐만 아니라 부속성분인 관형어로도 기능할 수 있다. 이는 결국 문장 내에서 단어의 위치 문제와 직결된다.

이처럼, 중국어에서 '단어의 겸류성' 문제는 단어의 품사분류 문제와 문장성분 구성 및 여타 문법현상 등을 이해하는 데 있어 핵심 내용이 된다.

1.4. 문법단위 구조의 공통성

중국어의 문법단위로 형태소, 단어, 구, 문장, 단락 등이 있다. 이중 한 글자의 형태소가 단어로 기능하는 경우(예: 天, 地, 人…)를 제외한 모든 문법 단위는 두 개 이상의 구성요소로 이루어진다. 이때 이들 구성요소 간에는 일정한 공통성을 띤 방식으로 조직화된다. 즉 단어구조나 구 혹은 문장구조가 공통적인 구조방식으로 이루어진다. 다음 표를 보자.

단어 구조	연합식		兄＋弟 → 兄弟 xiōng＋dì → xiōngdì (형제)
	수식식	관형어성 수식	工＋业 → 工业 gōng＋yè → gōngyè (공업)
		부사어성 수식	回＋顾 → 回顾 huí＋gù → huígù (돌이켜 보다)
	술목식		担＋心 → 担心 dān＋xīn → dānxīn (걱정하다)
	술보식		提＋高 → 提高 tí＋gāo → tígāo (향상시키다)
	주술식		地＋震 → 地震 dì＋zhèn → dìzhèn (지진)
구 혹은 문장 구조	연합식		兄弟＋姐妹 → 兄弟姐妹(。) (형제자매) xiōngdì＋jiěmèi → xiōngdì jiěmèi(.)
	수식식	관형어 수식	工业＋大学 → 工业大学(。) (공업대학) gōngyè＋dàxué → gōngyè dàxué(.)
		부사어 수식	认真＋学习 → 认真学习(。) (열심히 공부하다.) rènzhēn＋xuéxí → rènzhēn xuéxí(.)
	술목식		担心＋失业 → 担心失业(。) (직업을 잃을까 걱정하다.) dānxīn＋ shīyè → dānxīn shīyè (.)
	술보식		提高＋得＋快 → 提高得快(。)(빠르게 향상되다.) tígāo＋de＋kuài → tígāo de kuài(.)
	주술식		地震＋多了 → 地震多了(。) (지진이 많아졌다.) dìzhèn＋ duō le → dìzhèn duō le(.)

위 표에서 보듯 '단어', '구' 혹은 '문장' 등의 '구조방식'은 기본적으로 일치한다. 즉, 모두 '연합식', '수식식', '술목식', '술보식', '주술식'의 기본적인 구조방식으로 이루어진다.[1)]

1.5. 허사의 다양성

중국어의 어휘는 크게 실사와 허사로 나뉜다. 허사는 문법기능을 위한 어휘들로서 조사, 전치사, 접속사, 부사 등을 포함한다. 따라서 허사는 그 종류가 많으며, 각기 다양한 문법표현 기능이 있다. 허사로 표현되는 문법기능의 예를 보자.

동태표현	진행	他在写一篇文章。(그는 한 편의 글을 쓰고 있다.) Tā zài xiě yì piān wénzhāng.
	완료와 변화	他写了一篇文章了。(그는 한 편의 글을 썼다.) Tā xiě le yì piān wénzhāng le.
	경험	他曾写过一篇文章。(그는 일찍이 한 편의 글을 쓴 적이 있다.) Tā céng xiěguo yì piān wénzhāng.
어투표현	의문	他写了一篇文章吗? (그는 한 편의 글을 썼습니까?.) Tā xiě le yì piān wénzhāng ma?
	회상	他写一篇文章来着。(그는 한 편의 글을 쓰고 있었지.) Tā xiě yì piān wénzhāng láizhe.

허사는 도표에서 예를 든 '동태(ⓒ动态)'나 '어투(ⓒ语气)' 표현뿐만 아니라 각종 언어 구조체를 구성하는 수단이 된다. 중국어는 이처럼 형태변화가 아닌 '허사'라는 '단어자격'이 있는 기능어로써 단어와 단어, 구와 구, 문장과 문장을 조직화하는 특징이 있는 언어이다.

1.6. 화제어순 구조의 상용성

중국어는 화제어순구조가 상용된다. 화제(ⓒ话题, topic)란 문장의 맨 앞에 위치하여 문장의 진술대상이 되는 성분으로, 좁은 의미에서 비행위자 명사구를 지칭하기로 한다. 도표의 a에서 '书', b에서 '这本书'는 각 문장의 화제이다.

화제 구조	'NP1'은 진술 대상	NP1 + VP 형식	a. 书已经买来了。(그 책은 이미 사왔다.) Shū yǐjīng mǎi lái le.
		NP1 + NP2 + VP 형식	b. 这本书大学生们都很欢迎, 因为内容精彩, 分析简单明了, 特别是便于检索。 Zhè běn shū dàxuéshēngmen dōu hěn huānyíng, yīnwèi nèiróng jīngcǎi, fēnxī jiǎndān míngliǎo, tèbié shì biànyú jiǎnsuǒ. (이 책은 대학생들이 모두 환영한다. 왜냐하면 내용이 좋고, 분석이 간단명료하며, 특히 검색이 편리하기 때문이다.)

1) 표에서 '단어 구조' 부분에서 수식식 단어구조를 '관형어성 수식' 혹은 '부사어성 수식'이라 한 이유는 형태소가 단어를 구성하는 경우이기 때문이다. 따라서 '구' 혹은 '문장'의 구조 부분에서는 '관형어 수식'과 '부사어 수식'으로 쓴다.

화제구문은 언어의 운용과 관련이 깊다. 즉 상당한 정도 화자의 의도나 처한 상황에 의거한 발화이므로 화용론과 관련이 있다. 현대중국어 입말체에서는 b와 같은 "NP_1+NP_2+VP" 형식의 구문도 자주 사용된다. 여기서 "NP_1"은 문장의 진술대상으로 화제이다. 또 이 구조에서 "NP_2+VP", 즉 '주어+술어' 구조는 화제에 대해 진술하는 내용으로 '술제(ⓒ述题, comment)'라 한다. 표의 b에서 "这本书"는 4개의 진술내용을 가지는 '수사자(ⓒ受事)' 진술대상이다.

b. 这本书(NP_1)①<u>大学生们(NP_2)都很欢迎(VP_1)</u>, 因为[∅]②<u>内容(NP_3)精彩(VP_2)</u>, [∅]③<u>分析(NP_4)简单明了(VP_3)</u>, [∅]④<u>特别是便于检索(VP_4)</u>。

화제 "这本书"는 '대학생들이 환영하는 것이고', '(그것은) 내용이 좋고', '(그것은) 분석이 간단명료하며', '(그것은) 검색에 있어 편리한' '대상'인 것이다. 이처럼 '문두 명사구 진술대상화'는 현대중국어의 문장 운용에 있어 커다란 특징이다. 위의 예처럼 화제는 긴 내용을 논리적으로 연결하는 '꿰미'나 '고리'의 역할을 할 뿐만 아니라 진술범위를 설정하는 기능을 보이기도 한다.[2)]

※ 참고

1. "依句辨品, 离句无品 Yī jù biàn pǐn, lí jù wú pǐn"이란?

이는 "(단어가)문장에 의거해야 품사를 구분할 수 있으며 문장을 떠나면 품사를 구분할 수 없다"는 말로 중국어 단어가 가지는 품사적 특성을 간명하게 요약한 말이다.

중국에서 최초로 품사를 구분한 저작은 라틴문법 모방한 马建忠(1898)의 《马氏文通》이다. 이 저작은 중국에서 최초로 품사를 구분하였다는 점에서 획기적인 저작임에 틀림없다. 그러나 예문이 古文이라는 점이 근본적인 한계였다. 이에 黎锦熙(1924)는 영문법을 모방하고, 현대중국어의 구어(口语)를 예로 하여 《新著国语文法》을 저술하였다. 그는 이 책에서 중국어의 품사적 특성을 잘 설파한 "依句辨品, 离句无品"설을 제시하였다.

2. 겸류현상이란?

하나의 단어가 두 개 이상의 품사적인 속성을 겸하여 가지는 현상을 '겸류현상(ⓒ兼类现像)'이라 한다.

중국어의 대다수 단어는 한 낱말만 놓고 볼 때 실제적으로 어떤 품사인지 말하기 어려운 경우가 많다. 낱말의 품사성은 해당 낱말이 문장 가운데서 어떤 기능을 가지느냐로 구분되는데, 이는 대개 외형적인 형태변화를 수반한다. 그러나 중국어 낱말은 문장에서 어느 위치에 놓이느냐에 따라 아무런 형태변화 없이 주어, 술어, 보어, 관형어, 심지어 부사의 기능까지 담당한다. 이는 형태변화에 민감한 한국어나 영어와 크게 다른 현상이다.

---

2) 그러나 중국어의 화제와 술제 간의 관계는 영어의 주어와 술어 사이처럼 시제나 수(数) 등에 있어 통사·의미적으로 강력한 제약성을 가지는 것이 아니라 매우 느슨한 편이다. 화제어순구조, 즉 화제문형과 그에 딸린 10개의 구문에 대해서는 본서의 Ⅴ의 1에서 자세히 다룬다.

2 문장의 정보배열 특징

2.1. 진술대상 전치 배열성

중국어에서 문장의 정보배열은 화자가 '말하고 싶은 대상(진술대상)'을 문두에 배열하고, 이에 대하여 서술하는 구조가 가장 일반적이다. 넓은 의미에서 '말하고 싶은 대상(진술대상)'은 '주어'이다. 따라서 행위자 주어가 아닌 경우가 많으므로, 상당부분 '행위자'가 주어가 되는 영어와는 차이가 크다. 비행위자가 주어가 되는 다음 예를 보자.

(1) 这件事早发表了。이 일은 이미 발표되었다.
Zhè jiàn shì zǎo fābiǎo le.
(2) 那本书已经买好了。그 책은 이미 샀습니다.
Nà běn shū yǐjīng mǎi hǎo le.

(1)-(2)의 지시사 '这'나 '那' 등에서 보듯, 문두에 배열되는 '진술대상'은 '한정성'을 가진다. 중국어의 어순구조는 화자가 '말하고 싶은 대상(진술대상)'을 문두에 놓고, 이에 대하여 서술하는 구조가 일반적이다. 이때 '말하고 싶은 대상(진술대상)'은 화자나 청자가 이미 아는 '구정보(old information/given information) '이다. 화자와 청자가 모두 아는 한정적인 정보를 문두에 앞세움으로써 의미전달의 안정성과 담화의 범위를 설정한다. 다시 다음 예를 보자.

(3) 这件事政府早发表了。이 일은 정부가 이미 발표하였다.
Zhè jiàn shì zhèngfǔ zǎo fābiǎo le.
(4) 那本书我已经买好了。그 책은 내가 이미 샀습니다.
Nà běn shū wǒ yǐjīng mǎi hǎo le.

(3)-(4)의 예는 이미 '주술'관계가 있는 문장의 맨 앞에 또 진술대상을 배열한 예이다. 한편 술어동사 및 그 뒤에 배열되는 정보, 즉 보어나 목적어 등은 문장이 전달하는 '신정보(new information)'인 경우가 일반적이다.

2.2. 시간순서 배열성

중국어는 고립어로서, 어순에 의해 말하는 이의 정보를 전달한다. 따라서 정보배열의 순서(어순)는 사건이 발생한 시간 순서에 의거하는 경향이 매우 강하다. 다음 예문을 보자.

(5) a. 他跳在马背上。그는 펄쩍 뛰어 말의 등 위로 올랐다.
Tā tiào zài mǎ bèi shàng.
b. 他在马背上跳。그는 말의 등 위에서 펄쩍펄쩍 뛴다.
Tā zài mǎ bèi shàng tiào.

예(5)에서 보듯, 같은 단어들을 배열하여 구성된 문장이라 할지라도, 그 배열 순서에 따라 시간의 의미가 다르다. 즉 a는 '펄쩍 뛴(跳)' 행위가 우선이고, '장소(在马背上)'는 그 다음이다. 반면 b는 '장소(在马背上)'가 우선이고, 그 위에서 '펄쩍 뛴(跳)' 행위가 발생한 것이다. 따라서 이 순서에 근거하여 의미차이가 발생한다. 陈俊光(2007:168)은 정보의 시간순서 배열의 관점에 근거하여 중국어와 영어의 어순을 비교한다.

(6) a. He came to Taibei from the US via Japan by plane last month.
a'. 他上个月从美国坐飞机经过日本到台北来。
그는 지난달에 미국에서 비행기를 타고 일본을 경유하여 타이베이에 왔다.
b. He came from the US to Taibei via Japan by plane last month.
b'. *他从美国上个月坐飞机经过日本到台北来。
c. He came by plane from the US via Japan to Taibei last month.
c'. *他坐飞机上个月从美国经过日本到台北来。
d. He came last month from the US via Japan by plane to Taibei.
d'. *他到台北来上个月坐飞机经过日本从美国。
e. He came via Japan to Taibei from the US by plane last month.
e'. *他经过日本上个月从美国坐飞机到台北来。

위의 예에서 '시간배경(last month, 上个月)', '기점(from the US, 从美国)', '교통수단(by plane, 坐飞机)', '경유지(via Japan, 经过日本)', '종착점(to Taibei, 到台北来)'의 5 부분은 시간의 선후관계가 있다. 영어는 a-e에서 보듯 시간순서에 관계없이 모두 문법적인 문장이나, 중국어의 경우는 a'만이 문법적인 문장이다. a'만이 시간순서에 따른 배열원칙을 지켰기 때문이다. 결국, 중국어는 문장의 정보배열에 있어 시간순서를 매우 중시하는 언어라 하겠다.

2.3. 원인정보 전치 배열성

중국어 문장의 정보 배열에 있어 원인을 표시하는 정보는 결과를 표시하는 정보에 앞선다. 다음 예를 보자.

(7) 小李因病没上班。샤오리는 병이 나서 출근하지 못했다.
Xiǎo Lǐ yīn bìng méi shàngbān.
(8) 小李今天下午累了, 先回家了。샤오리는 오늘 오후에 피곤해서, 먼저 집으로 돌아갔다.
Xiǎo Lǐ jīntiān xiàwǔ lèi le, xiān huí jiā le.

위의 예에서 보듯, 중국어와 한국어 모두 원인정보가 앞서고, 결과정보가 뒤따른다. 즉, 원인적인 정보를 먼저 배열하는 것은 중국어나 한국어 화자들이 가지는 기본적인 인식이라고 할 수 있겠다.

2.4. 큰 정보 전치 배열성

중국어의 어순 배열은 '큰 것 먼저, 작은 것 나중'의 원칙을 준수하는 특징이 있다. 이는 한·중 두 언어의 경우 유사하지만 영어에 비해서는 정 반대의 양상이다. 예를 들어 주소를 작성할 때 드러나는 상반된 정보배열의 특징을 보자.

(9) a. 中国北京市海淀区西三环北路1002　중국 북경시 해정구 서삼환북로 1002
b. 1002, North Xisanhan Road, Haidian-qu, Beijing, China

a와 b에서 보듯, 중국어는 큰 정보에서 작은 정보 순으로 배열하고, 영어는 그 반대이다. 이는 어떤 사물을 인지하는 관점이나 방법차원에서 보이는 동서양 차이의 일면이라고도 하겠다.

2.5. 수식어 전치 배열성

2.5.1. 관형어 수식의 경우

한 문장에 여러 개의 관형어가 있는 경우 그 어순은 대체로 다음과 같다.

소속/호칭	≫	수량구	≫	묘사성	≫	한정성	≫	수량구	+	중심어 (명사)
我们/老师(的)	⇒	那一本	⇒	非常有意思的	⇒	关于时事的	⇒	五月份(的)	+	杂志

(우리 선생님의 그 한 권의　매우 재미있는 시사에 관한 5월 달 잡지)

표에서 보듯 모든 관형어는 피수식어인 중심어 '杂志'의 앞에 위치한다.

2.5.2. 부사어 수식의 경우

부사 수식어도 항상 피수식어(중심어) 앞에 위치한다. 다음 예문을 보자.

(10) 我想再[听听]那张唱片。나는 그 테이프를 다시 좀 듣고 싶다.
Wǒ xiǎng zài tīng tīng nà zhāng chàngpiàn.
(11) 就[他]会说英语。그만이 영어를 할 수 있다.
Jiù tā huì shuō Yīngyǔ.
(12) 反正[我不再和他来往]。어쨌든 나는 그와 다시 거래·교제하지 않겠다.
Fǎnzhèng wǒ bú zài hé tā láiwǎng.

(10)에서 '빈도' 표시 부사 "再"는 "听"의 앞에서 수식한다. 또 (11)의 성분수식부사의 일종인 범위부사 "就"는 바로 뒤의 "他"를 제한하여 가리키며, (12)의 문장수식부사 "反正"도 문장 전체가 서술하는 내용 "我不再和他来往"의 앞에 위치하여 수식함으로써 "어쨌든(간에)"라는 화자의 심리상의 태도를 표시한다. 결국, 모든 부사수식어도 피수식어 앞에 배열됨을 알 수 있다.

이상 관형어 수식이든 부사어 수식이든 간에 수식어는 모두 피수식어 앞에 위치한다. 수식어가 항상 피수식어의 앞에 위치하는 '수식어+피수식어' 구조는 현대중국어에서 보이는 강력한 통사적 특징이다. 이를 다음과 같이 표로 나타낼 수 있다.

〈수식어와 피수식어의 위치관계 표〉

수식어	피수식어(Y)		
	문장	문장성분	품 사
수식어(X) (관형어/부사어)	명제	술어 주어 관형어 부사어	동사 형용사 명사 동사 부사

표는 중국어의 수식어(X)가 항상 피수식어(중심어) 앞에 위치함을 보여준다. 즉 수식어(X)는 피수식어(Y)가 문장이든 문장성분이든 아니면 품사이든 간에 항상 앞에 위치하여 수식한다.

제 II 장

술어의 파악과 문형의 분류

1. 술어성분의 분석
2. 술어의 종류
3. 문형과 구문의 분류

제 II 장

술어의 파악과 문형의 분류

1 술어성분의 분석

1.1. 동사

동사는 어느 언어에서나 중요한 품사이듯 중국어에서도 예외가 아니다. 동사는 문장 구성에 있어 중심적인 위치와 기능을 가지기 때문이다. 즉 중국어 문장은 동사를 중심으로 그 앞뒤에 이 동사에 대한 수식성분, 보충성분, 목적어성분들이 각각 배열된다.

주어	부사어	술어(동사)	보어	목적어	
他	已经	[吃]	完了	一个	面包。
Tā	yǐjīng	chī	wán le	yí ge	miànbāo

이처럼 동사는 문장에서 중요한 '위치'를 차지한다.

본서는 특히 중국어의 '문형'에 대해 중시하는 바, 문형은 술어로 쓰이는 동사가 어떤 명사구와 어떻게 결합하는가에 따라 달라진다. 즉 동사(형용사포함)의 의미특징은 문형을 구성하는 핵심요소이다. 본서는 술어 특성을 근거로 하여 7가지의 술어문형을 설정한다.

1.1.1. 의미에 따른 동사의 분류

중국어의 동사를 분류한 다음 표를 보자.

〈의미에 따른 동사분류표〉

<table>
<tr><td rowspan="5">동사</td><td rowspan="3">[-동작성]</td><td colspan="2">관계</td><td>是 shì (…이다), 有 yǒu (…을 가지고 있다), 在 zài (…에 있다),
像 xiàng (…을 닮다), 叫 jjiào…라고 부르다), 姓 xìng (성이…이다),
等于 děngyǔ (…와 같다)</td></tr>
<tr><td rowspan="2">심리</td><td>일반</td><td>爱 ài (사랑하다), 想 xiǎng (그리워하다), 喜欢 xǐhuan (좋아하다),
同意tóngyì (동의하다), 希望 xīwàng (희망하다), 反对 fǎnduì (반대하다),
相信 xiāngxìn (믿다), 关心 guānxīn (관심을 가지다)</td></tr>
<tr><td>지각/인지</td><td>知道 zhīdaò (알다), 理解 lǐjiě (이해하다), 明白 míngbái (알다),
以为 yǐwéi (여기다), 认为 rènwéi (여기다), 了解 liǎojiě (이해하다),
熟悉 shúxi (알다), 觉得 juěde (느끼다), 感到 gǎndào (느끼다),
忘记 wàngjì (잊다),</td></tr>
<tr><td rowspan="2">[+동작성]</td><td colspan="2">지배행위</td><td>看 kàn (보다), 写 xiě (쓰다), 说 shuō (말하다), 表示 biǎoshì (나타내다),
保卫 bǎowèi (보위하다), 禁止 jìnzhǐ (금지하다)</td></tr>
<tr><td colspan="2">방향</td><td>来 lái (오다), 去 qù (가다), 上 shàng (오르다), 下 xià (내려가다),
起 qǐ (일어서다), 进 jìn (앞으로 나아가다/안으로 들다),
出 chū (나가다/나오다), 过 guò (지나다), 回huí (돌아오다/돌아가다),</td></tr>
</table>

위의 동사들은 모두 '주어+술어+목적어(SVO)'의 문형을 구성할 수 있다. 본서는 이러한 문형을 '타동사 술어문형'이라 명명한다. 이 문형은 동사의 의미와 기능특징에 따라 다시 다음과 같이 4개의 술어구문을 구성할 수 있다.

1) 관계동사 술어구문

'관계' 의미를 나타내는 동사들은 각각의 구체적인 의미특징에 따라 다시 [+판단(是], [+소유(有], [+존재(在)], [+닮음(像)], [+호칭(叫/姓)], [+동등(等于)] 등으로 나뉘며, 모두 'SVO' 문형에 속하는 구문을 이룰 수 있다.

2) 심리동사 술어구문

'심리동사'[3]는 [+일반심리성]과 [+지각/인지] 의미를 나타내는 각종 동사를 포함하며, 역시 'SVO' 문형에 속하는 구문을 이룰 수 있다.

3) 지배동사 술어구문

[+동작성]과 목적어에 대한 강한 [+지배성] 의미를 가지는 각 종 동사를 포함하며, 역시 'SVO' 문형에 속하는 구문을 이룰 수 있다.

---

3) 심리동사는 기타 동사와 달리 '정도부사'의 수식을 받을 수 있으며, 일반적으로 "不"로 부정한다.

4) 방향동사 술어구문

[+동작]과 [+방향]의 두 의미특징을 가지는 각 종 동사를 포함하며, 역시 'SVO' 문형에 속하는 구문을 이룰 수 있다.

1.1.2. 목적어 대동 여부에 따른 동사의 분류

1) 자동사

자동사란 목적어를 갖지 않는 동사를 이르며, '일반 자동사'와 '이합식 자동사'로 나눌 수 있다.

자동사	비이합	活 huó (살다), 醒 xǐng (깨다), 休息 xiūxi (쉬다), 工作 gōngzuò (일하다), 活 huó ([삶을]살다), 醉 zuì ([술에]취하다), 病 bìng([병을]앓다), 醒 xǐng ([잠에서]깨다), 哭 kū ([울음을]울다), 躺 tǎng ([몸을]드러눕다), 休息 xiūxi ([쉼을]쉬다), 工作 gōngzuò ([일을]하다), 劳动 láodòng([노동을]하다), 逃跑 táopǎo ([도망을]가다), 咳嗽 késou ([기침을]하다), 胜利 shènglì ([승리를]하다), 前进 qiánjìn ([전진을]하다), 失败 shībài ([실패를]하다), 后退 hòutuì ([후퇴를]하다), 出发 chūfā ([출발을]하다)
	이합	结婚 jiéhūn (결혼을 하다), 毕业 bìyè (졸업을 하다), 照相 zhàoxiàng (사진을 찍다), 毕业 bìyè (졸업을 하다), 就业 jiùyè (취직을 하다), 失业 shīyè (직업을 잃다), 吹牛 chuīniú(허풍을 떨다), 上当 shàngdàng (꾐에 빠지다), 吃亏 chīkuī (손해를 보다), 洗澡 xǐzǎo (목욕을 하다), 鞠躬 jūgōng (절을 하다), 睡觉 shuìjiào (잠을 자다), 帮忙 bāngmáng (일손을 돕다), 考试 kǎoshì ([시험을]보다),

본서는 자동사가 목적어를 가지지 않는 이유가 될 수 있다고 보아, '비이합자동사'의 경우는 이해를 위해 괄호 속에 의도적으로 목적어적인 내용을 살려보았다. 이합동사(ⓒ离合词)[4]는 형태소 결합이 '[V+O]' 구조인 단어로, 이미 목적어성 형태소가 존재하므로 달리 목적어를 필요로 하지 않는다. 본서는 이러한 동사들을 술어로 삼아 구성되는 문형을 제2문형 '자족 술어문형(SV)'이라 명명한다.[5]

2) 타동사

첫째, 한 개의 목적어를 가지는 타동사

이러한 술어동사는 '타동사 술어문형(SVO)' 문형을 이룬다.

4) 하나의 단어인 이합동사 '[V+O]'의 사이에 동태조사 "了, 着, 过"나 보어 및 관형어 등이 오면, 이들은 '[V]'와 '[O]'의 사이에 위치함으로써 두 성분을 갈라놓게 되며, 이때 두 성분은 각각의 단어로 간주된다.

5) '자족 술어문형'은 술어가 목적어 없이 이루어지는 문형을 총칭하며, 이후에 언급할 '형용사 술어구문'이나 '명사 술어구문'도 여기에 해당된다.

〈타동사 표(1)〉

S	V	+	O(사람/사물)	
他 Tā	看 kàn		朋友 péngyou	(그는 친구를 만난다)
			电视 diànshì	(그는 TV를 본다)
			小说 xiǎoshuō	(그는 소설을 읽는다)
他 Tā	吃 chī		饭 fàn	(그는 밥을 먹는다)
			点心 diǎnxin	(그는 간식을 먹는다)
			药 yào	(그는 약을 먹는다)

둘째, 두 개의 목적어를 가지는 타동사

이러한 술어동사는 '이중목적어 표시 술어문형', 즉 'SVO1O2' 문형을 이룬다.

〈타동사 표(2)〉

	S	V		O1 (사람)	+	O2 (사물)	
a	他	给	+	我	+	书	그는 나에게 책을 준다
b	他	要		我		一百块钱	그는 나에게 백원을 요구했다
c	他	叫	+	我	+	小朋友	그는 나를 꼬마라고 부른다

'이중목적어 표시 술어문형'의 의미는 다시 동사의 의미에 따라 a처럼 '[+주다]', b처럼 '[+받다]', c처럼 '[+호칭]'등으로 나눌 수 있다. 본서는 각각에 대하여 '수여 술어구문', '박탈 술어구문', '호칭 술어구문' 등으로 명명한다. 이 문형과 그에 딸린 구문에 대해서는 Ⅲ장의 5에서 자세히 분석한다.

1.1.3. 시간보어 대동 기능에 따른 동사의 분류

동사는 '지속동사'와 '비지속동사'로 나뉜다. 이는 동사 뒤에 오는 시간량의 특성이 지속성인가의 여부를 구분짓는 요인이다.[6] 다음 표를 통해 동사의 지속성 유무에 따른 보어의 시간량에 대해 생각해보자.

6) 동작의 지속성 유무는 여러 가지 문법현상을 야기하는 매우 중요한 문제이다. 즉 시간보어의 시간량에 대한 해석문제, 동태조사 "了, 着, 过"의 부가 가능여부 및 의미 차이 등이 모두 이 동작의 지속성 유무로부터 발생한다. 특히 '비지속동사'에 대해 민감할 필요가 있다. 李临定(1990 : 65-72) 참조

보어의 시간량	[+지속성] (지속동사)	吃 chī (먹다), 哭 kū (울다) 等 děng (기다리다)	研究 yánjiū (연구하다)
	[-지속성] (비지속동사)	到 dào (…에 이르다), 死 sǐ (죽다), 丢 diū (잃다/ 잃어버리다), 懂 dǒng (알다)	结束 jiéshù (끝맺다), 知道 zhīdào (알다)

술어의 뒤에 놓인 시간량을 소위 시간보어(ⓒ时量补语, duration complement)라 한다. '지속동사의 시간량'은 '행위의 지속량'으로 나타나며, '비지속동사의 시간량'은 '행위가 완료되고 난 후의 시간의 경과량'이다. 본서는 술어의 이러한 특성에 따라 구성되는 문형을 제4문형, 즉 '시간량 표시 술어문형(SVDC)'이라 명명하며, Ⅲ장의 4에서 자세히 분석한다.

1) 지속동사

동작이나 행위가 지속될 수 있는 동사이다. 지속동사는 '시작, 지속, 완료'의 세 과정을 구분할 수 있다.

(1) 他吃了半小时了。그는 30분 동안 먹었다.
   Tā chī le bàn xiǎoshí le.
(2) 他等了一个小时了。그는 1시간 동안 기다렸다.
   Tā děng le yí ge xiǎoshí le.
(3) 他研究了一整天了。그는 하루 종일 연구하였다.
   Tā yánjiū yì zhěngtiān le.

(1)-(3)에서 보듯, 지속동사는 시간보어를 가짐으로써 동작이나 '행위가 지속되는 시간량'을 나타낸다. 이 책은 술어의 이러한 특성에 따라 '지속동사 술어구문'을 설정한다.

2) 비지속동사

동작이나 행위가 지속될 수 없는 동사이다. 비지속동사는 '시작, 지속, 완료'의 세 과정을 구분할 수 없다. 즉, 동작의 '시작과 끝(/완료)이 동시에 발생하는 특성'이 있다.

到 dào(도착하다/…에 이르다), 丢 diū (잃다/잃어버리다), 完 wán (끝나다),
来 lái (오다), 死 sǐ (죽다), 懂 dǒng (이해하다), 胜 shèng (이기다), 败 bài (지다),
见 jiàn (만나다), 断 duàn (끊다), 走(离开) zǒu (떠나다), 跑(逃跑) pǎo (도망가다),
离开 líkāi (떠나가다), 批准 pīzhǔn (비준하다), 牺牲 xīshēng (희생하다),
成立 chénglì (성립하다), 结束 jiéshù (끝나다), 公布 gōngbù (공포하다),
同意 tóngyì (찬성하다), 停止 tíngzhǐ (중지하다), 知道 zhīdào (알다),
通过 tōngguò (건너가다), 发明 fāmíng (발명하다), 完成 wánchéng (완성하다)

비지속동사도 시간보어를 가질 수 있다. 다음 예를 보자.

(1) 他到了两个半小时了。그는 도착한지 두 시간 반이 되었다.
Tā dào le liǎng ge bàn xiǎoshí le.
(2) 他来了半个小时了。그는 온지 30분 되었다.
Tā lái le bàn ge xiǎoshí le.
(3) 他离开了半年了。그는 떠난 지 반년이 되었다.
Tā líkāi le bàn nián le.

(1)-(3)에서 보듯, 이 동사들은 '동작이 완료되고 난 후 시간의 경과량'을 표시한다. 이 책은 술어의 이러한 특성에 따라 **'비지속동사 술어구문'**을 설정한다.

1.2. 형용사

1.2.1. 형용사의 분류

본서는 형용사 술어로 이루어진 구문을 **제2문형 '자족 술어문형(SV)'**의 하나로 보며, 특히 **'묘사 술어구문'**이라 명명한다. 먼저 형용사 분류표를 보자.

〈형용사의 분류〉

성질형용사	好, 大 高, 矮	美丽, 正确 优秀, 清楚
상태형용사		雪白, 黑乎乎 好好儿(的), 慢慢儿(的)
구별형용사	男, 女 双, 单 公, 母	公共, 唯一 彩色, 黑白

1) 성질형용사

사물의 각종 성질 혹은 모양을 나타내는 형용사이다. 이들은 문장에서 술어로 충당될 수 있으며, 정도부사의 수식을 받을 수 있다.

好 hǎo (좋다), 大 dà (크다/많다/세다), 高 gāo (높다/크다/비싸다),
整齐 zhěngqí (단정하다), 美丽 měilì (아름답다), 正确 zhèngquè (정확하다),
伟大 wěidà (위대하다), 优秀 yōuxiù (우수하다), 清楚 qīngchǔ (분명하다),
仔细 zǐxì (자세하다)

이 형용사들은 사람이나 사물에 대한 '성질'이나 '속성' 등을 나타내며 '판단성'이 있다. 따라서 일반적으로 상대적인 의미쌍이 존재한다.

好 hǎo (좋다) ↔ 坏 huài (나쁘다)
大 dà (크다/많다/세다) ↔ 小 xiǎo (작다/좁다/약하다)
高 gāo (높다/크다/비싸다) ↔ 低/矮 dī/ǎi (낮다/작다/싸다)

2) 상태형용사
사물의 각종 상태를 나타내는 형용사이다.

通红 tōnghóng (온통 새빨갛다), 雪白 xuěbái ([눈처럼]새하얗다),
金黄 jīnhuáng (황금빛이다), 鲜红 xiānhóng (선홍색이다),
冰凉 bīngliáng ([얼음같이]차디 차다), 笔直 bǐzhí (매우 곧다),
黑乎乎 hēihūhū (시커멓다), 喜洋洋 xǐyángyáng (몹시 기쁘다),
好好儿的 hǎohāorde (좋다), 慢慢儿的 mànmānr de (느릿하다)

이 형용사들은 상태에 대한 '묘사성'을 강하게 나타낸다. 따라서 성질형용사와 달리 정도부사의 수식을 필요로 하지 않는다.

3) 구별형용사
각종 사물이나 상태에 대한 '구별'의 의미를 표시[7]하는 형용사를 이른다.

男 nán (남성의) ↔ 女 nǚ (여성의),
正 zhèng (정/정식의) ↔ 副 fù (부/보조의),
双 shuāng (짝수의) ↔ 单 dān (홀수의),
公 gōng (수컷의) ↔ 母 mǔ (암컷의),
雌 cí (암컷의) ↔ 雄 xióng (수컷의),
公共 gōnggòng (공공의) ↔ 唯一 wéiyī (유일한),
彩色 cǎisè (천연색의) ↔ 黑白 hēibái (흑백의)

[+구별성} 의미가 강하기 때문에 이들 형용사는 상대적인 의미쌍이 제일 확실하게 드러난다. 이 형용사들은 술어로 쓰이지 못하고 단지 관형어로만 쓰이므로 비술어형용사(ⓒ非谓形容词)라고도 한다.[8] 따라서 구별형용사는 문형구성의 차원에서는 중요성이 없다.

---

7) 이 형용사는 의미나 기능적인 면에서 일반 형용사와 차이가 많이 나므로, 陆俭明은 "区别词"라 하여 품사의 일종으로 구분하기도 한다. 陆俭明(1993:279) 참고
8) 한편 구별형용사들은 다른 단어와 결합하여 다시 단어화 하는 경우가 많다. 예를 들어 구별형용사가 부가된 "男生(남학생), 女生(여학생), 公鸡(수닭), 母鸡(암닭)" 등은 하나의 단어인가 두 개의 단어인가의 문제가 생긴다. 결국, 상태형용사들은 술어기능을 못하며, 형태소적 특성이 강한 비교적 특수한 어휘라고 하겠다.

2 술어의 종류

술어(부)는 동사(구)나 형용사(구)로 이루어지는 것이 일반적이다. 그러나 각종 명사(구) 뿐만 아니라 일부의 전치사구도 술어(부)가 될 수 있다. 술어로 쓰일 수 있는 각종 성분의 내부구조에 대해 자세히 살펴보자.

2.1. 동사(구) 술어

다음 표를 통해 각종 동사(구) 내부구조의 다양성을 살펴보자.

동사구 술어	동사	我们的理想实现了。(우리의 이상이 실현되었다.) Wǒmen de lǐxiǎng shíxiàn le.
	연합식	代表们讨论并通过了这项决议。(대표들은 이 결의문을 토론하여 통과시켰다.) Dàibiǎomen tǎolùn bìng tōngguò le zhèi xiàng juéyì.
	부가식	我想起来十年前的往事。(나는 10년 전의 옛일이 기억난다.) Wǒ xiǎng qǐlai shí nián qián de wǎngshì.
	중첩식	他看看这本书, 又看看那本书。(그는 이 책을 좀 보다가, 다시 저 책을 본다.) Tā kànkàn zhèi běn shū, yòu kànkàn nà běn shū.
	수식식	我不知他来不来。(나는 그가 올지 안 올지 모른다.) Wǒ bù zhī tā lái bù lái.
	술보식	没人说得清楚他是什么时候来的。(아무도 그가 언제 오는지 정확히 말하지 않는다.) Méi rén shuō de qīngchǔ tā shì shénme shíhou lái de.
	연동식	他想来想去想不出好主意。 (그는 이리저리 생각해 보아도 좋은 생각이 떠오르지 않는다.) Tā xiǎnglái xiǎngqù xiǎngbuchū hǎo zhǔyi.

'연합식'은 두 개 이상의 동사를 병렬시킨 구조이며, '중첩식'은 같은 동사의 반복 구조이고, '연동식'은 두 개 이상의 연용구조이다. 이러한 구조의 성립은 대체로 동사의 의미적 특징에 의거한다. 본서는 동사(술어)와 명사구 간의 결합관계의 다양성에 근거하여 7개의 '술어문형'을 설정한다.

한편 '부가식'과 '술보식'은 동사의 뒤에, '수식식'은 동사의 앞에 일정한 부가성분을 더하는 구조이다. 본서는 '구문분석표'에서 이러한 세 경우(시간보어와 전치사구 부사어는 예외)는 '부가성분'이라 명명하고 일괄 처리한다. 이들 성분은 문형구성에 별다른 영향을 끼치지 않는 요소로 보기 때문이다.

2.2. 형용사(구) 술어

다음 표를 통해 각종 형용사(구)가 술어로 충당되는 예를 보자.

형용구 술어	형용사	我的成绩好，她的更好。(나의 성적도 좋지만, 그녀의 성적은 더 좋다.) Wǒ de chéngjì hǎo, tā de gèng hǎo.
	연합식	幼儿园的孩子活泼可爱。(유치원의 아이는 생기발랄하고 귀엽다.) Yòu'éryuán de háizi huópo kě'ài.
	술보식	这可累坏你了。(이거 당신을 지치게 했군요.) Zhè kě lèi huài nǐ le.

위의 예는 형용사(구)로 된 술어이다. 본서는 형용사구 술어로 이루어진 구문을 제2문형인 '자족 술어문형(SV)'의 하나로 보며, 특히 '묘사 술어구문'이라 명명한다.

2.3. 명사(구) 술어

다음 표를 통해 각종 명사(구)나 대체사(ⓒ代词)가 술어로 충당되는 예를 보자.

명사구 술어	요일·날짜	今天星期五。Jīntiān xīngqīwǔ. (오늘은 금요일이다.)
	날씨	今天阴天。Jīntiān yīntiān. (오늘은 흐리다.)
	명절·계절	明天春节。Míngtiān Chūnjié. (내일은 설날이다.)
	출신지	马老师北京人。Mǎ lǎoshī Běijīng rén. (마 선생님은 베이징사람이다.)
	나이	他今年二十几了？Tā jīnnián èrshí jǐ le? (그가 올해 스물 몇 살이지?)
	가격	一公斤两块五毛钱。Yì gōngjīn liǎng kuài wǔ máo qián. (1킬로그램에 2원 50전이다.)
	용모	她黄头发、蓝眼睛。Tā huáng tóufà、lán yǎnjing. (그는 노란머리에 푸른 눈이다.)
	대체사	小王怎么了？XiǎoWáng zěnme le? (왕군은 어떻게 된 거야?)

위의 예는 각종 명사(구)를 쓴 술어의 예인데[9], 특히 마지막 예는 대체사로 된 술어이다. 이처럼 중국어는 명사구도 술어로 기능하는 특징이 있다. 한국어의 경우는 반드시 체언성 술어성분 뒤에 '-이다'를 써야한다. 본서는 명사구 술어로 이루어진 구문을 제2문형 '자족 술어문형(SV)'의 하나로 보며, 특히 '명사 술어구문'이라 명명한다.

9) 부정문에서는 부정부사 "不" 뒤에 술어동사인 "是"를 반드시 더하여야 한다.

2.4. 주술(구) 술어

'주술구 술어'란 주술구조의 술어를 말한다. 먼저 표를 보자.

주술구 술어	동사성	a	这本书我读过。(이 책은 내가 읽은 적이 있다) Zhèi běn shū wǒ dú guo.
		b	小李能做到的，我也能做到。(이군이 해낼 수 있는 일은 나도 해낼 수 있다.) XiǎoLǐ néng zuòdào de, wǒ yě néng zuòdào.
		c	这个问题，我有不同的看法。(이 문제에 대하여 나는 다른 생각을 가지고 있다.) Zhèige wèntí, wǒ yǒu bùtóng de kànfǎ.
	형용사성	d	我们家乡物产丰富。(우리 고향은 물자가 풍부하다.) Wǒmen jiāxiāng wùchǎn fēngfù.
		e	这种人胆子小。 (이런 사람은 담이 작다.) Zhèi zhǒng rén dǎnzi xiǎo.
		f	这件事，知道的人太多了。(이 일은 아는 사람이 너무 많아졌다.) Zhèi jiàn shì, zhīdào de rén tài duō le.
		g	这类事，他的经验多得很。(이런 일에 대해 그는 경험이 아주 많다.) Zhèi lèi shì, tā de jīngyàn duō de hěn.

a의 "这本书我读过。"를 예로 들면, "这本书"에 대해 진술하는 내용, 즉 "我读过"는 '주술구 술어'이다. 어떤 문장이 주술구를 술어로 가지게 되면, 위의 각 예와 같이 'NP1+NP2+VP' 구조의 문형을 이룬다. 이 문형에 대해 술어의 각도에서는 '주술술어문', 주어의 각도에서는 '이중주어문'이라고도 한다. 이 구조에서 'NP2+VP' 구조 속에 동사가 있으며 동사성 주술구로, 형용사가 있으면 형용사성 주술구로 친다.

결국, 이 문장에서 'NP1'은 진술대상화, 즉 화제화 되었다. 본서는 이러한 어순 구조를 '응용문형'의 하나이자 제9문형인 '문두 화제화문형(TC)'으로 설정하며, Ⅴ장의 1에서 자세히 분석한다.

2.5. 기타 술어

이는 전치사구나 고정구로 된 술어로, 매우 희소한 예이다.

기타 술어	전치사구	我们这个会为了什么呢? (우리의 이 모임은 무엇을 위해서이지?) Wǒmen zhèige huì wèile shénme ne?
	고정구	我们应当助人为乐。(우리는 남을 돕는 것을 즐거워해야 한다.) Wǒmen yīngdāng zhùrénwéilè.

이상 2.3-5는 비록 술어구성에 있어 일반적인 경우는 아니라 할지라도, 중국어 술어 구성에 있어 보이는 커다란 특징이 아닐 수 없다. 즉 아무런 형태변화 없이 단지 주어의 뒤라는 위치조건 한 가지에 의해 술어로 쓰이는 문법현상이다.

3 문형과 구문의 분류

3.1. 기초문형

'기초문형'이란 중국어에서 늘 그렇게 자연스럽게 존재하며 쓰이는 문형이다. 즉 화자의 의도에 따라 다시 어떤 변형이 일어나지 않은 문형으로, 통사문형(ⓒ句法句型)이라고도 한다. 본서는 기초문형을 '술어문형'과 '표지문형'의 두 종류로 나눈다.

3.1.1. 술어문형과 그 구문

'술어문형'이란 술어를 중심으로 구성되는 문형을 이른다. 이미 본장의 2절에서 살펴본 바와 같이 문장은 술어의 의미특징이나 통사적 특징에 따라 일정한 구조로 조직화된다. 이러한 관점에서 본서는 술어를 중심으로 하여 제1문형: 자연변화 술어문형(VO), 제2문형: 자족 술어문형(SV), 제3문형: 타동사 술어문형(SVO), 제4문형: 시간량 표시 술어문형(SVDC), 제5문형: 이중목적어 표시 술어문형(SVO1O2), 제6문형: 겸어식 술어문형(S1V1'O1/S2'V2O2), 제7문형: 연동식 술어문형(SV1O1V2O2) 등 7개의 '술어문형'을 설정한다. 이는 전체 문형을 10개로 분류하는 관점에서 볼때 술어의 중요성을 잘 드러내는 것이다.

이상의 각 술어구문에는 각 구문의미의 차이에 따라 다시 총 21개의 구문이 설정된다. 이에 대해서는 2절에서 이미 개략적으로 언급한 바 있으며, Ⅲ장에서 구체적으로 살펴볼 것이므로, 여기서는 더 언급하지 않는다.

3.1.2. 전치사 표지문형과 그 구문

중국어는 형태변화를 하지 않는 대신 어순과 허사를 주요한 문법수단으로 삼는 특징이 있다. 허사 가운데 특히 전치사(ⓒ介词)는 매우 다양하며 자신이 이끄는 명사구와 함께 문장에서 여러 종류의 부사어로 충당된다.

부사어(ⓒ状语)란 '술어'를 앞에서 수식하는 '문장성분의 하나'로, 문장의 부속성분으로 분류된다. 그러나 언어 환경에 따라서 화자는 청자에게 '시간, 장소, 근거, 수단/방법, 원인, 목적' 혹은 모종의 '대상'을 지정하여 묻는 경우가 있다. 청자는 질문에 상응하는 답을 해야 하며, 질문에 대한 답은 문장의 신정보이자 초점이 된다. 이러한 경우 전치사가 포함된 부사어는 해당 문장에서 빠질 수 없는 성분이 된다. 이 책은 이러한 부사어를 문형구성의 '(준)필수성분'으로 본다.

이러한 관점에서 이 책은 특히 전치사구 부사어를 중시하며, 이러한 문형을 제8문형 '전치사 표지문형(SPPV)'이라 명명한다. 전치사의 차이로 인해 나타낼 수 있는 구문의미는 매우 다양하여 '목적어 처치화 표시, 주어 피동화 표시, 행위주체 표시, 비교객체 표시, '공동/협동' 대상 표시, 시간표시, 장소표시, 원인표시, 목적표시, 근거표시, 수여대상 표시, 제외대상 표시, '방법/도구/재료' 표시, '대리/봉사' 대상 표시, 관여대상 표시, 강조대상 표시' 구문 등등 총 16개의 구문이 설정된다. 이에 대해서는 Ⅳ장에서 구체적으로 살펴봄으로, 여기서는 더 언급하지 않기로 한다.

3.2. 응용문형

'응용문형'이란 '기초문형'이 일정한 언어환경에서 화자의 의도에 따라 어떤 변형이 일어난 문형을 말한다. 즉 화자의 표현의도에 따라 변형이 일어난 문형으로, 화용문형(ⓒ语用句型)이라고도 한다. 본서는 응용문형을 '화제화문형'과 '초점화문형'의 두 종류로 나눈다.

3.2.1. 화제화문형과 그 구문

이 문형은 말하는 사람의 표현의지, 즉 진술대상(ⓒ话题: topic)을 문두에 배열하고자 하는 의도가 개입된 문형이다. 따라서 이는 화용적인 문형이다.

진술대상 문두화는 중국어 문장 정보배열의 특징 중 하나이다. 이 문형은 '제1명사구(NP1)+제2명사구(NP2)+술어구(VP)'구조이다. 이때 제1명사구는 '제2명사구+술어구'의 진술대상이다. 따라서 술어기능을 하는 '제2명사구(NP2)+술어구(VP)'의 관점에서 '주술술어문(ⓒ主谓谓语句)'이라 부르기도 한다. 이때 진술대상과 진술간의 구분을 위해 진술대상의 뒤에는 비교적 긴 쉼이 오므로, 쉼표 ','나 화제표지 '啊', '吧', '呢', '嘛' 등을 부가하기도 한다. 또 제1명사구를 '대주어', 제2명사구를 '소주어'라고도 한다.

먼저 화제문형을 분석한 아래 표를 보자.

진술대상/화제 (ⓒ話題: topic)		술제 (ⓒ述題: comment)		
대주어	+	소주어		
제1명사구(NP1)		제2명사구(NP2)	+	술어구(VP)
旧杂志		我		不想买

화제는 문장의 진술대상이므로 공통적으로 '~대하여(말하자면)'이라는 소위 [+대하여성]의 의미특징이 있다.

또 화제는 [+대조성]의 의미특징을 가진다. 이는 복문에서 더 잘 드러난다.

(1) 饭我吃, 面条他吃。 밥은 내가 먹고, 국수는 그가 먹는다.
Fàn wǒ chī, miàntiáo tā chī.

(2) 新杂志我买, 旧的我不买。 새 잡지는 사지만, 헌 잡지는 사지 않는다.
Xīn zázhì wǒ mǎi, jiù de wǒ bù mǎi.

(3) 今天的排球比赛他参加，明天的我参加。
Jīntiānde páiqiú bǐsài tā can1jiā, míngtiān de wǒ cānjiā.
오늘의 배구 경기는 내가 참가하고, 내일의 경기는 네가 참가한다.

본서는 이와 같은 문형들을 제9문형으로 분류하고, '문두 화제화문형(TC)'이라 명명한다. 이 문형에 속하는 구문은 각각 묘사대상, 시간, 장소, 관여대상, '도구/재료', '교류/협동' 대상, 수여대상, 사역대상, 인지/심리대상, 지배대상 등 10개로 나눌 수 있다. 각 구문에 대해서는 Ⅴ장의 1에서에서 구체적으로 살펴봄으로, 여기서는 더 언급하지 않기로 한다.

3.2.2. 초점화문형과 그 구문

현대 중국어는 명시적인 형태표지 대신 어순과 허사를 주요한 문법수단으로 삼는 언어이다. 따라서 어순의 조작을 통한 각종 문법의미의 표현은 필연적이다. 즉 한국어처럼 어순을 비교적 자유로이 바꾸어도 각종 조사나 보조용언 등을 사용하여 형태를 바꿈으로써 동일한 의미를 전달하는 경우와는 사뭇 다르다. 중국어는 어순이 비교적 고정적이기 때문에 어순이 바뀐다는 것은 반드시 어떤 문법적 의미부여와 연계된다.

본서는 술어의 객체대상(ⓒ受事宾语)을 주어와 술어 사이에 전치 배열한 'NP1+NP2+VP' 구문 가운데 'NP2' 성분이 문장의 '초점(ⓒ焦点, focus)'이 되는 경우를 중시한다. 본서는 이러한 문형을 제10문형 '객체대상 초점화문형(SFV)'이라 명명한다. 객체대상 초점화문형은 구문의미의 차이에 따라 '지배대상 초점화구문', '[+모두(all)] 의미 초점화구문', '[+대비] 의미 초점화구문'등 3개로 나눌 수 있다. 각 구문에 대해서는 Ⅴ장의 2에서 구체적으로 살펴봄으로, 여기서는 더 언급하지 않기로 한다.

이상 3절에서 살펴본 문형을 종합하여 도표로 나타내면 다음과 같다.

문형의 분류	명칭의 기제	문형의 명칭
기초문형·통사문형 (句法句型)	술어 중심	제1문형: 자연변화 술어문형(VO)
		제2문형: 자족 술어문형(SV)
		제3문형: 타동사 술어문형(SVO)
		제4문형: 시간량 표시 술어문형(SVDC)
		제5문형: 이중목적어 표시 술어문형(SVO1O2)
		제6문형: 겸어식 술어문형(S1V1'O1/S2'V2O2)
		제7문형: 연동식 술어문형(SV1O1V2O2)
	전치사 표지	제8문형: 전치사 표지문형(SPPV)
응용문형·화용문형 (语用句型)	화제화	제9문형: 문두 화제화문형(TC)
	초점화	제10문형: 객체대상 초점화문형(SFV)

제 III 장

7개의 '술어문형'을 파악하면 21개의 구문이 보인다

1. 제1문형: 자연변화 술어문형(VO)
2. 제2문형: 자족 술어문형(SV)
3. 제3문형: 타동사 술어문형(SVO)
4. 제4문형: 시간량표시 술어문형(SVDC)
5. 제5문형: 이중목적어 표시 술어문형(SVO1O2)
6. 제6문형: 겸어식 술어문형(S1V1'O1/S2'V2O2)
7. 제7문형: 연동식 술어문형(SV1O1V2O2)

제 III 장

7개의 '술어문형'을 파악하면 21개의 구문이 보인다

1 제1문형: 자연변화 술어문형(VO)

1.1. 기본구조

V			O	부가성분 및 문장부호
동사			변화대상/변화자	
a	出	+	太阳	了。
b	下		雨	了。
c	起		雾	了。
d	结		冰	了。
e	刮		风	了。
f	开		花	了。
g	谢		花	了。
h	发		芽	了。

1.2. 구문의미와 구조특징

- ◆ 이 구문의미는 '기후변화 혹은 자연현상에 의한 상황변화 표시'이다.
- ◆ 이 구문은 주어가 없다.
- ◆ 이 구문의 목적어는 '변화의 대상이자 변화자'이다. 따라서 한국어로 번역하면 주어처럼 해석되는 특징이 있다.
- ◆ 제1문형(VO)의 구조에 잘 쓰이는 술어: 出, 打, 下, 起, 结, 刮, 涨, 退

1.3. 심화 학습

이 문형의 술어와 목적어에 주의하자.

(1) a. 下暴雨了。폭우가 내렸다.
    b. 下毛毛雨了。보슬비가 내렸다.
(2) a. 刮风了。바람이 불었다.
    b. 起风了。바람이 일었다.
(3) a. 涨潮了。조수가 일었(/밀려왔)다.
    b. 退潮了。조수가 밀려갔다.

각 문장은 모두 문두에 명사구가 존재하지 않을 뿐만 아니라, 자연현상이므로 주어로서의 '행위자'를 설정하기가 어렵다. 따라서 이런 문형을 **'무주어 구문'** 이라고도 한다.

한편 (1)a, b에서 보듯 **목적어가 달라도 동일한 동사**를 쓸 수도 있고, (2)a. b에서 보듯 **목적어가 같아도 표현의 차이에 따라 다른 동사**를 쓸 수도 있고, (3)a, b에서 보듯 **동일한 목적어라도 '상대적인' 의미의 동사를 써서 '반대'의 의미를 표현**할 수도 있다.

그렇다면 위의 구조와 유사한 다음의 예도 제1문형(무주어구문)에 속할까?

(1) 来人了。사람이 왔다.
(2) 下课了。수업이 끝났다/수업을 끝냈다.

다음을 보자.

(1)' 家里来人了。집에는 어떤 사람이 왔다.
(2)' 老师下课了。선생님이 수업을 끝냈다.

이들 예문은 **명백한 행위자가 존재할 수 있으며, 따로 주어를 가질 수도 있기 때문**에 '제1문형'(무주어구문)이 아니다.

1.4. 구문연습

1) 다음 괄호에 적당한 동사를 넣어 '자연변화 술어문형(VO)'의 문장을 만드시오.

(1) [ ]雾了。안개가 끼었다.
(2) [ ]霜了。서리가 내렸다.
(3) [ ]冰雹了。우박이 내렸다.
(4) [ ]星星了。별이 떴다.
(5) [ ]彩虹了。무지개가 떴다.
(6) [ ]冰柱了。고드름이 맺혔다.

2) 다음 문장을 '자연변화 술어문형' 의미에 적절하게 해석하시오.

(1) 变天了。
(2) 闪电了。
(3) 打雷了。
(4) 化雪了。
(5) 刮台风了。
(6) 下露水了。

3) 주어진 단어를 사용하여 '자연변화 술어문형'으로 작문하시오.

(1) 해가 떴다. [出]
(2) 바람이 일었다. [起]
(3) 싹이 돋았다. [发]
(4) 물이 불었다. [涨]
(5) 황사가 일었다. [起]
(6) 이슬방울이 맺혔다. [结]

4) 연습문제 1)과 2)의 각 예문을 다음 구문분석표에 적용시켜보자.

V 동사	+	O 변화대상/변화자	부가성분 및 문장부호

2 제2문형: 자족 술어문형(SV)

'자족 술어문형'에서 '자족(自足)'은 목적어 없이 스스로 자족적인 술어가 됨을 의미한다. 자동사뿐만 아니라 형용사 및 명사구도 자족적인 술어로 충당될 수 있다. 제2문형(SV)은 술어의 의미특성에 따라 '묘사 술어구문', '자동사 술어구문', '명사 술어구문' 등 세 개의 구문으로 나눌 수 있다.

2.1. 묘사 술어구문

2.1.1. 기본구조

	S 묘사대상		부가성분	V [+묘사] 형용사	부가성분 및 문장부호
a	成绩	+	很	好	。
b	我		也很	高兴	。
c	他们住的房间		很	干净	。
d	今天天气		太	热	了。
e	我的姐姐			漂亮	得很。
f	夏天			热	极了。

2.1.2. 구문의미와 구조특징

◆ 이 구문의미는 '주어에 대해 묘사함'이다.
◆ 이 구문에 쓰이는 술어는 속성이나 상태를 나타내는 형용사이다.
◆ 술어는 a-d처럼 부사어나, g-f처럼 보어를 부가하여 '정도'를 강조할 수 있다.
◆ 독립적인 문장에서 술어에 대한 부가성분(부사어/보어)은 필수요소이다.

2.1.3. 심화 학습

주어는 묘사의 대상이다.

(1) 交通很乱。교통이 혼란스럽다.
(2) 压力不小啊！스트레스가 적지 않아!
(3) 这种列车很快。이런 종류의 열차는 빠르다.

술어는 묘사의 내용이다.

(1) 人多极了。사람들은 매우 많다.
(2) 他的病情好多了。그의 병세는 많이 좋아졌다.
(3) 那部电影精彩极了。그 영화는 매우 근사하다.

2.1.4. 구문 연습

1) 다음 예문에서 묘사술어에 밑줄을 그으시오.

(1) 夏天热极了。
(2) 秋天天气最好。
(3) 四季很分明。
(4) 我的表很准。
(5) 我累死了。
(6) 中国的春节很热闹吗？

2) 다음 문장을 '묘사 술어구문' 의미에 적절하게 해석하시오.

(1) 我的成绩好，她的更好。
(2) 幼儿园的孩子活泼可爱。
(3) 大气污染很严重。
(4) 中国菜有点儿油腻了。
(5) 橘子的味道有点儿酸。
(6) 这部电影的画质不太清楚。

3) 주어진 단어를 사용하여 '묘사 술어구문'으로 작문하시오.

(1) 그 사람은 너무 착하다. [善良]
(2) 나의 여동생은 아주 귀엽습니다. [可爱]
(3) 그의 일은 매우 바쁩니다. [忙]
(4) 가을은 춥지도 덥지도 않습니다. [不冷也不热]
(5) 그들은 하마터면 굶어죽을 뻔했다. [饿死]
(6) 우리 가족은 매우 행복합니다. [幸福]

4) 연습문제 1)과 2)의 각 예문을 다음 구문분석표에 적용시켜보자.

S		부가성분	V	부가성분 및 문장부호
묘사대상			[+묘사] 형용사	
	+			

2.2. 자동사 술어구문

2.2.1. 기본구조

S			부가성분	V	부가성분 및 문장부호
행위자				[+자동] 자동사	
a	他	+	都	活	了。
b	咱们			旅行	了。
c	我爸爸			工作	。
d	他们			感冒	了。
e	小明			死	了。
f	姐姐			哭	了。
g	他们			出发	了。

2.2.2. 구문의미와 구조특징

◆ 이 구문의미는 '주어 스스로 목적어가 필요 없는 행위를 함'이다.

◆ 이 구문'에 쓰이는 술어는 자동사이다. 즉 술어는 목적어 없이 그 자체로 문장의 자족성을 가질 수 있다.

[자동사의 예]

活 huó ([삶을]살다), 醉 zuì ([술에]취하다),
病 bìng([병을]앓다), 醒 xǐng ([잠에서]깨다),
哭 kū ([울음을]울다), 躺 tǎng ([몸을]드러눕다),
休息 xiūxi ([쉼을]쉬다), 工作 gōngzuò ([일을]하다),
劳动 láodòng ([노동을]하다), 逃跑 táopǎo ([도망을]가다),
咳嗽 késou ([기침을]하다), 胜利 shènglì ([승리를]하다),
前进 qiánjìn ([전진을]하다), 失败 shībài ([실패를]하다),
后退 hòutuì ([후퇴를]하다), 出发 chūfā ([출발을]하다)

2.2.3. 심화 학습

이 구문에 쓰이는 이합동사(ⓒ离合词)도 자동사의 일종이다.

S 행위자		+	부가성분	V [+자동] 이합동사	부가성분 및 문장부호
a	他们			结婚	了。
b	我	+	不能	上课	了。
c	今天咱们			请客	。
d	他哥哥		今年	毕业	了。
e	明国		就	睡觉	了。

이합동사의 '목적어성 형태소'가 분리되지 않으면 자동사로 취급되므로, 일반 자동사구문과 다를 바 없다. 그러나 다음과 같은 경우를 조심하자.

(1) 你们想点什么菜?
당신들은 무슨 음식을 주문하였나요?
(2) 你们什么时候放暑假?
너희들은 언제 여름방학이 (시작)되니?

이합동사 술어로 구성된 문장으로서, '술어+목적어'의 구조이다. 따라서 이렇게 이합동사의 목적어가 분리된 구조는 제3문형인 'SVO' 문형에 해당된다.

[이합동사의 예]

结Z婚 jiéhūn (결혼을 하다), 照Z相 zhàoxiàng (사진을 찍다),
毕Z业 bìyè (졸업을 하다), 就Z业 jiùyè (취직을 하다),
失Z业 shīyè (직업을 잃다), 吹Z牛 chuīniú(허풍을 떨다),
上Z当 shàngdàng (꾐에 빠지다), 吃Z亏 chīkuī (손해를 보다),
洗Z澡 xǐzǎo (목욕을 하다), 鞠Z躬 jūgōng (절을 하다),
睡Z觉 shuìjiào (잠을 자다), 帮Z忙 bāngmáng (일손을 돕다)

2.2.4. 구문 연습

1) 다음 예문에서 자동사 술어에 밑줄을 그으시오.

[A] 비이합동사의 경우

(1) 他醒了。 (2) 他咳嗽了。 (3) 他感冒了。
(4) 小明病了。 (5) 你歇歇吧。 (6) 他们都失望了。
(7) 他们都激动了。 (8) 咱们旅行。 (9) 爷爷去世了。
(10) 弟弟出生了。

[B] 이합동사의 경우

(1) 他们洗澡了。 (2) 他们下课了。 (3) 我们明天要考试。
(4) 妈妈五点下班。 (5) 他失业了。 (6) 他们上当了。
(7) 他们俩离婚了。 (8) 房子着火了。 (9) 妈妈生气了。
(10) 我们放假了。

2) 다음 문장을 '자동사 술어구문' 의미에 적절하게 해석하시오.

(1) 他在唱歌。 (2) 爸爸出差了。 (3) 我的手麻了。
(4) 他们住院了。 (5) 人们上班。 (6) 妈妈发火了。
(7) 他们俩结婚了。 (8) 学生们放学了。 (9) 我在互联网上浏览了。
(10) 有一个老人忽然跑过来了。

3) 주어진 동사를 사용하여 '자동사 술어구문'으로 작문하시오.

(1) 그들은 밖으로 나갔습니다. [出去] (2) 당신은 어디에서 일하십니까? [工作]
(3) 너는 여전히 열심히 공부하겠지? [用功] (4) 학생들은 하교했습니다. [放学]
(5) 그는 인터넷에 접속했습니다. [上网] (6) 그들은 허풍을 쳤습니다. [吹牛]
(7) 그는 열이 났다. [发烧] (8) 간호사는 주사를 놓았다. [打针]
(9) 형은 싸움을 하였다. [打架] (10) 그는 졸업하였다. [毕业]

4) 연습문제 1)의 각 예문을 다음 구문분석표에 적용시켜보자.

S 행위자		부가성분	V 자동사/이합동사	부가성분 및 문장부호
	+			

2.3. 명사 술어구문

2.3.1. 기본구조

	S 묘사대상		부가성분	V 명사술어	부가성분 및 문장부호
a	今天	+		星期五	。
b	今天			阴天	。
c	明天			春节	。
d	马老师			北京人	。
e	一公斤			两块五毛钱	。
f	她			黄头发、蓝眼睛	。
g	他今年			二十几	了?
h	小王			怎么	了?

2.3.2. 구문의미와 구조특징

◆ 이 구문의미는 '주어에 대해 요일·날짜, 날씨, 명절·계절, 출신지, 가격, 용모, 나이, 상태 등을 묘사함'이다.

◆ 이 구문'에 쓰이는 술어는 명사구(일부 대체사 포함)이다.

3 제3문형: 타동사 술어문형(SVO)

이 'SVO' 문형은 현대 중국어에서 사용도가 가장 높은 '기초문형'이다. 이 문형은 술어의 특성에 따라 5개의 구문으로 나눌 수 있다.

3.1. [+관계] 술어구문

3.1.1. '是' 구문

3.1.1.1. 기본구조

S			부가성분	V		부가성분	O	부가성분 및 문장부호
판단대상				[+판단] 동사			판단내용	
a	她			是		小杨的	妹妹	。
b	树	+		是	+		植物	。
c	他			是		个	慢性子	。
d	浪费		就	是			犯罪	。
e	村前			是			海	。

3.1.1.2. 구문의미와 구조특징

◆ 이 구문의미는 '주어에 대한 판단 및 그 결과 표시'이다.

◆ 이 구문에 쓰이는 술어는 [+판단]의 의미를 나타내는 '是'이다.

◆ 위 기본구조 표에서 주어와 목적어간의 의미관계는 다음과 같다.

a) '주어 = 목적어', b) '목적어는 주어의미의 개괄', c) '목적어는 주어의 특징', d) '목적어는 주어에 대한 비유', e) '목적어가 주어의 위치에 위치함'을 각각 나타낸다.

3.1.1.3. 심화 학습

앞뒤가 같은 "A是A" 구조 역시 'SVO' 문형에 속하며, 다음과 같은 특수한 의미를 나타낼 수 있다.

[특수한 'SVO' 문형]

假的就是假的，怎么也真不了。 (거짓은 거짓일 뿐이지, 어떻게 해도 진실일 수가 없다.)	사실에 대한 인정
有是有，可是不卖。(비록 있긴 있지만 안 팔아.)	'비록'의 의미
你是你，我是我，你做的事我不负责。 (너는 너이고, 나는 나이다, 네가 한 일은 내가 책임지지 않는다.)	'한계가 분명함'을 의미

※ 참고: 다음의 두 경우는 "是"의 강조용법이므로 '판단관계'을 나타내는 'SVO' 문형과 관련이 없다.

[강조표지 '是' 구문]

강조	어투	这个药是灵，烧一下子就退了。(이 약은 효험이 있어 열이 금방 내렸다.)
	예외 없음	做饭有什么难? 是人都会。(밥 짓는 게 뭐 어려울 거 있어? 누구나 다 할 수 있지.)

이 "是"는 바로 뒤의 내용에 대하여 초점(focus) 표지 기능을 가지는 경우로, 생략해도 문장의 기본의미는 차이가 없다.

또 소위 "是…的"구문 역시 '…' 부분을 강조하는 구문이므로, '판단관계'을 나타내는 'SVO' 문형과 관련이 없다. 예를 보자.

[강조표지 '是…的' 구문]

강조 내용	시간	这本书是2007年写成的。(이 책은 2007년에 쓰였다.)
	장소	他们是从南极回来的。(그들은 남극에서 돌아왔다.)
	방식	我们是坐飞机来的。(우리는 비행기를 타고 왔다.)
	조건	这个项目是在大家的热情支持下搞起来的。 (이 항목은 여러분의 열정적인 지지 하에서 되어진 것입니다.)
	목적	我是为学习汉语来北京的。(나는 중국어를 배우려 베이징에 왔습니다.)
	대상	他这封信是对我发的。(그의 화는 사실 나한테 보낸 것이다.)
	도구	毛笔是用来写字的。(붓은 글자를 쓰는 것입니다.)
	행위자	信是他寄的。(편지는 그가 보낸 것이다.)
	행위	她的眼睛又红又肿，是哭的。(그녀의 눈은 빨갛고 부었는데 울어서 그런 것이다.)

3.1.1.4. 구문 연습

1) 다음 괄호에 [+판단]관계를 나타내는 '동사'를 넣어 '관계 술어구문'을 완성하시오.

(1) 他[ ]小李的男朋友。그는 샤오리의 애인(남친)이다.

(2) 你[ ]我唯一的爱。당신은 나의 유일한 사랑이다.

(3) 前边都[ ]水。앞에는 온통 물이다.

(4) 树[ ]植物，狗[ ]动]物。나무는 식물이고, 개는 동물이다.

(5) 食堂西边就[ ]学生宿舍。식당의 서쪽은 바로 학생 기숙사이다.

2) 다음 문장을 [+판단]관계를 나타내는 구문의미에 적절하게 해석하시오.

(1) 他是我朋友。

(2) 今天是星期一。

(3) 浪费就是犯罪。

(4) 他是马大哈。

(5) 我是为了大家，不是为了自己。

3.1.2. '有' 구문

3.1.2.1. 기본구조

	S			V		O	
	소유자		부가성분	[+소유] 동사		소유내용	부가성분 및 문장부호
a	他	+		有	+	很多外文书	。
b	免子			有		两个长耳朵	。
c	老王		很	有		经验	。
d	王老师		很	有		水平	。

3.1.2.2. 구문의미와 구조특징

◆ 이 구문의미는 '주어가 어떤 (구체/추상적)대상을 소유함'이다.

◆ 이 구문에 쓰이는 술어는 소유의 의미를 나타내는 '有'이다.

◆ 위 기본구조 표에서 주어와 목적어간의 의미관계는 다음과 같다.

a와 b는 주어가 구체적인 대상을 소유하는 경우이고, c와 d는 주어가 속성(/추상)적인 대상을 소유하는 경우이다. 후자의 경우는 정도부사 '很'의 수식을 받을 수 있다.

3.1.2.3. 심화 학습

'有'의 다양한 의미에 대해 알아보자.

['有'의 의미특징]

a	一年	+		有	+	四季	。
b	购物中心前边			有		很多汽车	。
c	工农业生产			有(了)		很大的发展	。
d	他		大约	有		三十多岁	。
e	他			(没)有		她那么爱听音乐	。

a는 '주어가 목적어를 포괄적으로 소유함'을, b는 '존재'를, c는 '발생'을, d는 '일정한 수량에 도달함'을, e는 '비교점에 도달함'의 의미를 각각 나타낸다.10)

'有'는 또한 다음과 같은 비교적 특수한 구문을 이루기도 한다.

10) '没有'를 쓰는 '비교구문'의 경우 본서의 IV장의 1.4.3에서 자세히 다룬다.

['有'의 특수구문]

특수 형식	a.	"有…的" 형식	那边有练太极剑的, 有打太极拳的, 还有练气功的。
	b.	"有的…" 형식	图书馆的阅览室里人真不少, 有的看书, 有的看报。
연동구문	c.	목적어 → 제2 동사의 수사자	这样办很好, 我没有话说。
	d.	목적어 → 제2 동사의 행동조건	你没有理由不相信她。
겸어구문	e.	사역의 의미 없음	他有个哥哥在北京念大学。

위의 각 예에서 a를 제외한 b-d의 경우는 'SVO'의 문형에 속하지 않는다.

3.1.2.4. 구문 연습

1) 다음 괄호에 [+소유]관계를 나타내는 '동사'를 넣어 구문을 완성하시오.

(1) 他很[ ]水平。 그는 매우 수준이 있다.

(2) 一年[ ]四季。 일년은 사계절이 있다.

(3) 电脑里[ ]我上课的资料。 컴퓨터 속에는 내가 수업한 자료가 있다.

(4) 小李[ ]有很多中文杂志。 샤오리는 매우 많은 중국어 잡지가 있습니다.

(5) 那边[ ]练太极剑的, [ ]打太极拳的, 还[ ]练气功的。
저쪽에는 태극검을 연습하는 사람, 태극권을 하는 사람, 그리고 기공 수련자도 있다.

2) 다음 문장을 '有' 구문 의미에 적절하게 해석하시오.

(1) 我晚上有事。

(2) 大象有很大的鼻子。

(3) 他在工作上很有办法。

(4) 购物中心前边有很多人。

(5) 工农业生产有了很大的发展。

3.1.3. 기타 [+관계] 술어구문

3.1.3.1. 기본구조

	S		부가성분	V		O	부가성분 및 문장부호
	관계대상			[+관계]동사		관계 장소/내용	
a	小王	+	现在	在	+	家里	。
	我家			在		首尔	。
b	我			姓		李	。
	我			叫		李珉姬	。
c	老王		很	像		父亲	。
d	老王			属		马	。
e	二加三			等于		五	。

3.1.3.2. 구문의미와 구조특징

◆ 기타 [+관계] 술어구문의 의미는 다음과 같다.

a의 구문의미는 '주어가 어떤 위치에 존재함 표시'이다.

b의 구문의미는 '주어의 호칭이 어떠함 표시'이다.

c의 구문의미는 '주어와 목적어가 닮음 표시'이다.

d의 구문의미는 '주어가 목적어에 소속됨 표시'이다.

e의 구문의미는 '주어와 목적어가 동등함 표시'이다.

◆ 이 구문들의 술어는 모두 [+관계성]과 더불어 [-동작성]이라는 의미특징이 있으며, 목적어를 가질 수 있으므로 'SVO 문형'을 이룬다.

3.1.3.4. 구문 연습

1) 다음 괄호에 [+관계]를 나타내는 적당한 '동사'를 넣어 관계동사 술어구문을 만드시오.

(1) 我家[ ]釜山。우리 집은 부산에 있습니다.

(2) 你永远[ ]我心里。당신은 영원히 내 마음 속에 있습니다.

(3) 他[ ]王。그는 왕씨입니다.

(4) 我[ ]龙。나는 용띠입니다.

(5) 二除六[ ]三。6을 2로 나누면 3입니다.

2) 주어진 '동사'를 써서 '관계동사 술어구문'을 만드시오.

(1) 그는 지금 사무실에 있습니다. [在]

(2) 나는 성은 이씨이고, 이름은 은혜라고 합니다. [叫]

(3) 그녀는 엄마를 많이 닮았다. [像]

(4) 그는 호랑이띠입니다. [属]

(5) 4 더하기 10은 14입니다. [等于]

3.2. '심리/인지' 술어구문

3.2.1. 기본구조

S 심리 느낌자			부가성분	V [+심리]동사		O 심리/지각 내용	부가성분 및 문장부호
a	我		很	喜欢		你	。
b	我	+	很	喜欢	+	打篮球	。
c	我		差点儿	忘记		告诉你	了。
d	我			觉得		有点儿冷	。
e	我			知道		他还没来	。

3.2.2. 구문의미와 구조특징

◆ 이 구문의미는 '주어가 어떤 '대상이나 행위'에 대하여 각종 '심리/지각적인 태도'를 표시함'이다.

◆ 주어는 심리를 느끼는 대상이다.

◆ 술어는 각종 심리활동 동사이다.

◆ 목적어는 심리활동의 결과나 내용이다.

3.2.3. 심화 학습

'심리술어 구둔'은 구조상 다양한 형식의 목적어를 가지는 특징이 있다. 이미 제시한 기본구조의 예에서 예a는 (대)명사, b,c는 동사구, d는 형용사가 중심어인 수식구조가 각각 목적어로 충당되었다. 특히 아래의 예문에서의 목적어는 모두 '절목적어'이다.

S		부가성분	V	O	부가성분 및 문장부호
a	我		希望	你喜欢喝中国茶	。
b	我		认为	爸爸的眼睛小	。
c	你		知道	这个汉字怎么念	吗？
d	我		觉得	你也应该买一个	。
e	谁	也	想象不到[11)]	足球将来会怎样发展	。

그 원인은 무엇일까? 이는 심리술어의 의미특징 때문이다. 인간이 가지는 심리활동은 그 내용이 비교적 복잡하기 때문이다. 이러한 점에서 본서는 심리술어를 '목적절 친화동사'라고도 칭한다.

11) 심리술어 '想象不到'는 보어를 수반한 복잡한 동사구이다.

3.2.4. 구문 연습

1) 다음 예문에서 '심리/인지'를 나타내는 동사에 밑줄을 그으시오.

(1) 我喜欢她老实。
(2) 我希望您会喜欢。
(3) 我们不知道怎么换。
(4) 我觉得长城又雄壮又美丽。
(5) 人们一般认为足球运动诞生在英国的一家小饭店里。

2) 다음 문장을 '심리/인지' 술어구문의미에 적절하게 해석하시오.

(1) 他埋怨我没给他办成这件事。
(2) 同学们觉得这次中国旅行怎么样?
(3) 我还不太了解中国人见面时怎样打招呼。
(4) 我们还不完全清楚地球上本来有多少种生物。
(5) 我认为这些韩中两国的少男少女将来一定会促进韩中两国的经济交流。

3) 주어진 '동사'를 써서 '심리/인지' 술어구문을 만드시오.

(1) 당신은 샤오리의 전화번호를 압니까? [知道]
(2) 나는 네가 이 소식을 말해주어 고맙다. [感谢]
(3) 당신은 내일 만리장성에 가는 것을 잊지 마세요. [忘]
(4) 나는 어떻게 인터넷에 접속하는지 모릅니다. [不知道]
(5) 나는 하마터면 너에게 알려주는 것을 잊을 뻔했다. [忘记]

4) 연습문제 1)과 2)의 각 예문을 다음 구문분석표에 적용시켜보자.

S 심리 느낌자		부가성분	V [+심리]동사		O 심리/지각 내용	부가성분 및 문장부호
	+			+		

3.3. 지배동사 술어구문

3.3.1. 기본구조

S		+	부가성분	V	+	O	부가성분 및 문장부호
행위자				[+지배]동작술어		지배 대상	
a	我	+		喝	+	果汁	。
b	丽丽			听		韩语	了。
c	我			踢		足球	。
d	咱们			看		中国电影	吧。
e	他们			参加		世界杯足球赛	。

3.3.2. 구문의미와 구조특징

- 이 구문의미는 '주어가 어떤 (구체/추상적)대상이나 행위에 대하여 지배적인 행위를 함'이다.
- 이 구문의 주어는 [+지배성] 동사의 주어이므로 [+유생]의 행위자이다.
- 이 구문의 술어 동사는 구체적인 지배대상을 가진다.

3.3.3. 심화 학습

이 구문에서 동작의 '지속'이나 '당위성' 등의 의미를 나타내려면 동사 앞에 각각 '在'나 '要'등을 부가한다.

S		+	부가성분	V	+	O	부가성분 및 문장부호
행위자				동작술어		동작 대상	
a	你	+	在	做	+	什么	?
b	我		在	吃		饭	呢。
c	你们		一定要	复习		学过的地方	。
d	我们		要	保护		地球环境	。

c의 경우는 당위성을 나타내는 조동사 '要' 앞에 '꼭/반드시'라는 부사(어) '一定'를 부가하여 강조의 의미를 더한다.

3.3.4. 구문 연습

1) 다음 괄호에 [+지배]를 나타내는 적당한 동사를 넣어 지배동사 술어구문을 만드시오.

(1) 我[　　]过三国演义。나는 삼국연의를 읽은 적이 있습니다.

(2) 我[　　]了一个面包。나는 빵 한 개를 먹었습니다.

(3) 他们一起[　　]咖啡。그들은 함께 커피를 마신다.

(4) 我们[　　]文艺表演。나는 문예공연을 관람하고 있다.

(5) 他[　　]汉语水平考试了。그는 중국어수준시험(HSK)에 참가하였다.

2) 다음 문장을 '지배동사 술어구문' 의미에 적절하게 해석하시오.

(1) 他们在踢足球。

(2) 他们正在拍张照。

(3) 咱们一起复习功课吧。

(4) 中国人什么时候骑自行车？

(5) 明国慢慢地用键盘和鼠标。

3) 주어진 단어를 써서 '지배동사 술어구문'을 만드시오.

(1) 나는 밥을 먹고 있습니다. [吃]

(2) 당신은 지금 무엇을 하고 있습니까? [做]

(3) 여러분은 반드시 배운 곳을 복습해야합니다. [复习]

(4) 나는 네가 보내온 편지를 아직 받지 못했다. [收到]

(5) 나는 지금 월드컵축구경기를 관전하고 있습니다. [观看]

4) 연습문제 1)-2)의 각 예문을 다음 구문분석표에 적용시켜보자.

S 행위자		부가 성분	V [+지배]동작술어		O 지배 대상	부가성분 및 문장부호
	+			+		

3.4. 방향동사 술어구문

3.4.1. 기본구조

S			부가성분	V		O	부가성분 및 문장부호
행위자				[+방향]술어		방향대상	
a	你	+		去	+	哪儿	?
b	你			来		我这儿	吧。
c	飞机			起到		半空	了。
d	他们			离开		上海	了。

3.4.2. 구문의미와 구조특징

- 이 구문의미는 '주어가 어떤 (구체/추상적)장소로 향하여 행동하거나 멀어짐'이다.
- 이 구문에 쓰이는 술어는 [+방향] 동사로 충당된다.

[방향동사의 예]

来 lái (…로 오다), 去 qù (…로 가다), 上 shàng (…에 오르다), 下 xià (…로 내려가다),
进 jìn (앞으로 나아가다/안으로 들다), 出 chū (…로 나가다/나오다),
起 qǐ (…에서 일어서다), 过 guò (…를 지나다), 回huí (…로 돌아오다/돌아가다),
离开 líkāi (…에서 떠나다) , 进入 jìnrù (…로 들어가다)

- 목적어는 장소이다. 따라서 [+장소] 의미가 없는 b의 경우는 장소표시 대체사 '这儿'을 추가한다.

3.4.3. 심화 학습

'방향동사 술어 구문'에서 '방식'이나 '시간(의 경과)' 등을 표현하려면 동사 앞에 해당 성분들을 부가하면 된다.

S			부가성분	V		O	부가성분 및 문장부호
행위자				[+방향]술어		방향대상	
a	他们	+	怎么	过	+	黄河	的?
b	他们		前天已经	回		家	了。
c	他们		已经	离开		北京	了。
d	我们		现在可以	进入		一个新的世界	。

b와 d에서 보듯 중국어의 장소표시 목적어는 한국어에서 부사어로 표현되므로 주의해야 한다.

3.4.4. 구문 연습

1) 괄호에 방향을 나타내는 동사를 넣어 '방향 술어구문'을 완성하시오.

(1) 我[ ]公园。나는 공원에 간다.

(2) 他[ ]楼了。그는 위층으로 올라갔다.

(3) 我[ ]家了。그는 집으로 돌아갔다.

(4) 他怎么[ ]黄河的？그는 어떻게 황하를 건넜습니까?

(5) 我去年一月[ ]北京。나는 작년 1월에 베이징을 떠났습니다.

2) 방향동사 술어구문 의미에 적절하게 해석하시오.

(1) 鸟儿飞上枝头了。

(2) 父亲慢慢儿地走上台阶。

(3) 他们到达目的地了。

(4) 气球上升到半空中。

(5) 我们现在可以进入一个新的世界。

3) 주어진 단어를 써서 '방향동사 술어구문'을 만드시오.

(1) 그는 엘리베이터로 들어갔다. [进]

(2) 우리 남대문시장에 갑시다. [去]

(3) 당신은 언제 한국에 오셨습니까? [来]

(4) 선생님은 사무실을 나오셨다. [走出]

(5) 비행기는 지면으로 내려앉았다. [下降到]

4) 연습문제 1)-2)의 각 예문을 다음 구문분석표에 적용시켜보자.

S		부가성분	V		O	부가성분 및 문장부호
행동자			[+방향]술어		방향대상	
	+			+		

3.5. '존재/출현/소실' 술어구문

이 구문은 'SVO' 문형 가운데 비교적 특수하다. 이는 주어가 다른 구문들의 경우와 달리 '장소명사'로 이루어지며, '존재'나 '출현/소실'을 나타내는 대상(일반적으로 존재자나 행동주)은 목적어의 위치에 나타난다. 이러한 문형을 존현문(ⓒ存现句)라고 한다.

3.5.1. 존재표시 술어구문

이 구문은 사람 또는 사물이 '처한 위치'를 주어(/화제)로 삼는 구문이다.

3.5.1.1. 기본구조

S			V [+존재]표시 술어구				O	부가성분 및 문장부호
	존재 장소		부가성분	동사	부가성분		존재자/존재물	
a	桌子上	+		放	着	+	一本杂志	。
b	黑板上			写	着		一个标语	。
c	墙上			挂	着		一幅画儿	。
d	台上			坐	着		主席团	。
e	床上			躺	着		一位老人	。
f	炕头上			蹲	着		一只猫	。
g	这本小说里			存在	着		爱国精神	

3.5.1.2. 구문의미와 구조특징

- ◆ 이 구문의미는 '주어로 충당되는 어떤 장소에 사람(생물) 또는 사물이 존재함'이다.
- ◆ 이 구문에 쓰이는 술어의 구조는 '동작동사+着'이다.
- ◆ 이 구문의 '着'는 동작의 '지속태'를 나타내는 조사로서, '존재'의 의미를 표시하는 필수적인 요소이다.
- ◆ 예 a-g에서 보듯 주어(장소표시구)에 '장소'의 의미가 부족하면 '上', '里'등의 방위명사를 부가한다.

3.5.1.3. 심화 학습

1) 존재의 '정지위치' 표시

다음 표를 보자.

[존재의 정지위치 강조 구문]

S			V [+존재]표시 술어구				O	부가성분 및 문장부호
존재자/물건			부가성분	동사	부가성분		존재장소	
a	有一本杂志	+		放	在	+	桌子上	。
b	有一个标语			写	在		黑板上	。
c	有一幅画儿			挂	在		墙上	。
d	爱国精神			存在	在		这本小说里	。
e	主席团			坐	在		台上	。
f	有一位老人			躺	在		床上	。
g	有一只猫			蹲	在		炕头上	。

이 구문은 불특정의 존재자나 존재물이 '일정한 위치'에 존재함을 강조적으로 표시한다. 문두의 '有'는 동사가 아니라, 한정성이 없는 명사구가 화제가 됨을 표시하는 일종의 표지이다. 한편 d와 e는 비한정표지 '有'가 부가되지 않았다. 이는 일반적인 인지능력을 가진 사람이라면 무엇을 의미하는지 알 수 있기 때문이다.

한편 행위의 발생위치를 표시하는 '在'는 이 구문의 필수요소이다. 따라서 술어는 '행위동사+在'의 구조이다.

2) '존재의 지속상태' 표시

이 구조는 '존재의 지속상태'를 표시하는 구문으로 변환시킬 수 있다.

[존재의 지속상태 표시 구문]

S			장소/시간	V [+존재]표시 술어구		문장부호 및 부가성분
존재자/존재물				동사	부가성분	
a	有一本杂志	+	在桌子上	放	着	。
b	有一幅画儿		在墙上	挂	着	。
c	有一个标语			写	着	呢。
d	爱国精神			存在	着	呢。
e	主席团		在台上	坐	着	。
f	有一位老人		在床上	躺	着	。
g	有一只猫		在炕头上	蹲	着	。

이 구조는 주어, 즉 불특정의 존재자나 존재물이 일정한 위치에 '존재하는 양상'에 중점을 두는 표현이다. 이 구조에서 "在" 전치사구는 문장성분상 부사어이다. 따라서 이 구조는 'SPPVO' 문형이 아니다. 이 구문에서 지속태를 표시하는 조사 "着"는 필수요소이다. 이 구조는 필요에 따라 c와 d처럼 장소표시구("在＋NP2")를 삭제할 수 있으며, 이때는 문미에 지속을 나타내는 어기조사 "呢"를 부가하여 문장의 자족성을 높인다.

결국, 이상의 각 구문의 예에서 보듯 '존재'에 대한 인간의 인지는 언어적으로 비교적 다양한 양상을 보인다.[12)]

3.5.1.4. 구문 연습

1) 다음 예문에서 [+존재]를 나타내는 술어에 밑줄을 그으시오.

   (1) 车里坐着三位客人。
   (2) 主席团坐在台上。
   (3) 电脑里放着重要的资料。
   (4) 有一只猫蹲在炕头上。

2) '존재표시 술어구문' 의미에 적절하게 해석하시오.

   (1) 汽车上写着一个广告。
   (2) 嘴巴里戴着一幅假牙。
   (3) 炕头上蹲着一只猫。
   (4) 眼睛上贴着一对假睫毛。

3) 주어진 단어를 써서 '존재표시 술어구문'을 만드시오.

   (1) 문 앞에 한 마리의 개가 누워있다. [躺着]
   (2) 잡지 한 권이 책상위에 놓여있다. [放着]
   (3) 무대 위에는 회장단이 앉아 있다. [坐着]
   (4) 목에는 목걸이 한 개가 걸려있다. [挂着]

12) 본서의 3.1.1과 3.1.2에서 살펴본 바와 같이 판단관계술어 "是"와 소유술어 "有"도 '존재'의 의미항목이 있으며, 존재표시구문으로 쓰일 수 있다

3.5.2. '출현/소실' 표시 술어구문

3.5.2.1. 기본구조

	S		부가성분	V	부가성분		O	부가성분 및 문장부호
	장소/시간			출현/소실술어			출현/소실자	
a	家里	+		来	了	+	一位客人	。
b	桌子上			有	了		一本杂志	
c	桌子上			少	了		一本杂志	。
d	墙上			贴	了		一幅画儿	。
e	墙上			撤开	了		一幅画儿	。
f	中国四川			发生	了		大地震	。

3.5.2.2. 구문의미와 구조특징

◆ 이 구문의미는 '장소를 주어로 하여, 사람이나 사물이 그 장소에서 출현하거나 소실됨'이다.
◆ 이 구문은 행위자가 부각이 아니라 전체 배경이 부각되는 구조이다.
◆ 이 구문의 술어는 '출현/소실'을 나타내는 동사로 충당된다.
◆ 목적어는 출현자 혹은 소실자이다.13)
◆ 이 구문에서 동작이나 행위의 '실현'이나 '완료'를 나타내는 동태조사 '了'는 필수요소이다.

3.5.2.3. 심화 학습

첫째, '출현/소실'의 기점 표현

이 구문에서 장소표시구나 시간표시구는 동작의 '기점'이거나 '종점'이 될 수 있다. 즉 장소명사구에 전치사 "从"이나 "由"를 더하여 동작의 '기점'을 확실히 수 있다.14)

	S		[+기점] 표시 부가성분	V	부가성분 및 문장부호
	행위자			출현/소실 술어	
a	他们	+	从家里	来	了。
b	他们		由轮船上	下去	了。

그러나 이 구문은 'SVO' 문형이 아니라 전치사 표지문형, 즉 'SPPV' 문형이다.

13) 이런 점에서 吕叔湘(1990[1942]:39-40)은 이 NP2를 주어("起词")로 처리한 바 있다. 이는 '행위자'를 주어로 보는 관점에서의 분석이다. 그러나 현재 중국어문법학계에서는 동사 뒤에 위치하는 명사구는 일괄적으로 목적어로 분석한다.

14) 본서의 8.6-7의 관련 내용을 참고하라.

둘째, '출현/소실'의 종점 표현

이 구조에서 술어 뒤에 보어성분 "到/在"등을 써서 '종점'을 분명히 할 수 있다.

S			부가성분	V 출현/소실의 [+종점] 표시구			O	부가성분 및 문장부호
존재자				동사	부가성분		[+종점] 장소	
a	有一个人	+		来	到	+	家里	。
b	有两个人			下	到		轮船上	。
c	有一个标语			写	在		黑板上	。
d	有一幅画儿			挂	在		墙上	。

이 구문은 '도달(到)'이나 '존재(在)'의 의미를 나타내는 부가성분(결과보어)는 필수요소이다. 이 구문은 'SVO' 문형에 속한다.

3.5.2.4. 구문 연습

1) 괄호 안에 '출현/소실'의 기점이나 종점을 나타내는 어구를 넣어 완성하시오.

(1) 有一个人[ ]家里。어떤 손님 한 분이 집에 왔다.

(2) 有一幅画儿[ ]墙上。그림 한 폭을 벽에 붙였다.

(3) 他们[ ]来了。그들은 서울에서 왔다.

(4) 他们[ ]下去了。그들은 배위에서(부터) 내려갔다.

2) '출현/소실' 표시 술어구문 의미에 적절하게 해석하시오.

(1) 昨天来了一个客人。

(2) 墙上撤开了一幅画儿。

(3) 海上升起了一轮明月。

(4) 院子里长了一棵桂花树。

3) 주어진 단어를 써서 '출현/소실' 표시 술어구문을 만드시오.

(1) 책상위에는 잡지 한 권이 있(/생겼)다. [有了]

(2) 벽에는 그림 한 장을 붙였다. [贴了]

(3) 중국 사천성에서는 대지진이 발생했다. [发生了]

(4) 사무실에서는 책 한권이 없어졌(/잃어버렸)다. [丢了]

4 제4문형: 시간량표시 술어문형(SVDC)

4.1. 지속동사 술어구문

4.1.1. 기본구조

S			부가 성분	V	부가 성분		DC		부가성분 및 문장부호
행위자				지속 술어			시간량 표시 보어		
a	他们	+		吃	了	+	半小时	+	了。
b	我们			等	了		一个小时		了。
c	他们			学	了		两年		了。
d	孩子们		在一起	玩	了		一整天		了。
e	他们		一直	走	了		一个小时		了。
f	他们		在家里	研究	了		一整天		了。

4.1.2. 구문의미와 구조특징

- 이 구문의미는 '주어의 동작이나 행위의 지속량 표현'이다.
- 주어는 행위자이다.
- 술어는 지속동사로 충당된다.
- 술어 뒤에는 동작·행위의 지속량을 표시하는 보어가 온다.

4.1.3. 심화 학습

이 구문의 주어는 위의 a-f에서 보듯 일반적으로 행위자이지만 다음의 예를 보자.

(1) 这个问题已经研究半年了。
이 문제는 이미 반년 동안 연구하였다.

(2) 他们汉语学了两年了。
그들은 중국어를 2년 동안 배웠다.

즉 SVO 문형에서 변화가 일어난 '화용문형'의 경우, (1)처럼 목적어성분이 주어로 변환되거나, (2)처럼 목적어성분이 주어와 술어의 사이에 위치하는 구조도 있다. 이에 대해서는 제Ⅴ장의 1 '화용문형(TC)'에서 구체적으로 분석한다.

4.1.4. 구문 연습

1) 다음 예문에서 [+지속]을 나타내는 '동사'와 그 '시간량'에 밑줄을 그으시오.

(1) 他们休息十天了。

(2) 他们玩了两个小时了。

(3) 爸爸工作了一个星期了。

(4) 我们聊了半天了。

(5) 我们打篮球打了三个小时了。

2) 다음을 '지속동사 술어구문' 의미에 적절하게 해석하시오.

(1) 他看了半天小说。

(2) 小李失眠了一个晚上。

(3) 我在这儿待了一个月了。

(4) 那个孩子发烧了一整天了。

(5) 这个问题我们已经研究半年了。

3) 주어진 동사와 보어를 써서 '지속동사 술어구문'을 만드시오.

(1) 그는 하루 종일 잠을 잤다. [睡], [一整天]

(2) 그는 한 시간 동안 텔레비전을 보았다. [看], [一个小时]

(3) 그들은 중국어를 3년 동안 배웠다. [学], [两年]

(4) 그들은 4년 동안 사귀었(/교류하였)다. [交往], [四年]

(5) 우리는 두 시간 동안 찾았다. [找], [两个小时]

4) 연습문제 1)-2)의 각 예문을 다음 구문분석표에 적용시켜보자.

S 행위자	+	부가성분	V 지속술어	부가성분	+	DC 시간량 표시 보어	+	부가성분 및 문장부호

4.2. 비지속동사 술어구문

4.2.1. 기본구조

S			부가성분	V 비지속 술어	부가성분		부가성분	DC 시간량 표시 보어		부가성분 및 문장부호
	행위자									
a	他们		已经	到	了			半小时		了。
b	我们	+		丢	了	+	已经	一个小时	+	了。
c	他们		已经	离开	了			一个月		了。
d	我们			认识			已经	一个星期		了。
e	他们			分手			已经	三个月		了。
f	我们			结婚			已经	十年		了。

4.2.2. 구문의미와 구조특징

◆ 이 구문의미는 '주어의 동작이나 행위가 종료된 후 시간의 경과량 표현'이다.
◆ 주어는 행위자이다.
◆ 술어는 비지속동사로 충당된다.
◆ 술어 동사 뒤에는 행위가 완료되고 난 후 시간의 경과량을 표시하는 보어가 온다.
◆ 시간부사어의 위치는 술어의 앞이나 보어의 앞 두 군데 모두 가능하다.

4.2.3. 심화 학습

1) 비지속동사

동작이나 행위가 지속될 수 없는 동사이다. 시작, 지속, 마감의 세 과정이 없이 동작의 '시작과 끝이 중복되는 특성'이 있다.

[비지속동사의 예]

到 dào(도착하다/…에 이르다), 丢 diū (잃다/잃어버리다), 完 wán (끝나다), 来 lái (오다), 死 sǐ (죽다), 懂 dǒng (이해하다), 胜 shèng (이기다), 败 bài (지다), 见 jiàn (만나다), 断 duàn (끊다), 走(离开) zǒu (떠나다), 跑(逃跑) pǎo (도망가다), 离开 líkāi (떠나가다), 批准 pīzhǔn (비준하다), 牺牲 xīshēng (희생하다), 成立 chénglì (성립하다), 结束 jiéshù (끝나다), 公布 gōngbù (공포하다), 同意 tóngyì (찬성하다), 停止 tíngzhǐ (중지하다), 知道 zhīdào (알다), 通过 tōngguò (건너가다), 发明 fāmíng (발명하다), 完成 wánchéng (완성하다)

2) 변형구문의 이해

이 구문에서 주어는 위의 분석표에서 보듯 기본적으로 행위자이지만 다음의 예를 보자.

(1) 我的电脑坏了一个星期了。내 컴퓨터는 고장난지 일주일이 되었다.
(2) 中国, 我来了半年多了。중국은, 내가 온지 반년여가 지났다.

즉 기본문형에서 변화가 일어난 '화용문형'의 경우, (1)처럼 목적어성분이 주어로 변환되거나, (2)처럼 문두에 위치하는 구조도 있다.

4.2.4. 구문 연습

1) 괄호 안에 적당한 [-지속] '동사'를 넣어 완성하시오.

(1) 小狗[ ]了两天了。강아지가 죽은 지 이틀이 지났다.

(2) 我[ ]中国半年多了。나는 중국에 온지 반년이 되었다.

(3) 他们[ ]好几年了。 그들은 결혼한 지 여러 해가 되었다.

(4) 他[ ]两年半了。그는 졸업한지 반년이 되었다.

(5) 我的电脑[ ]了一个星期了。내 컴퓨터는 고장난지 일주일이 되었다.

2) 다음을 '비지속동사 술어구문' 의미에 적절하게 해석하시오.

(1) 他住院五天了。

(2) 母亲退休两年半了。

(3) 儿子出生一天了。

(4) 小王回来一天了。

(5) 飞机起飞三个小时了。

3) 주어진 '동사'를 써서 '비지속동사 술어구문'을 만드시오.

(1) 우리는 안지 오래되었다. [认识]

(2) 우리는 도착한지 10분이 되었다. [到]

(3) 김 선생은 귀국한지 1년이 되었다. [回国]

(4) 나는 지갑을 잃어버린지 이틀이 되었다. [丢]

(5) 이 가게는 개업한지 반년이 다 되었다. [开业]

4) 연습문제 1)-2)의 각 예문을 다음 구문분석표에 적용시켜보자.

S 행위자	+	부가성분	V 비지속 술어	부가성분	+	부가성분	DC 시간량 표시 보어	+	부가성분 및 문장부호

5 제5문형: 이중목적어 표시 술어문형(SVO1O2)

제5문형(SVO1O2)은 동사의 특징 때문에 두 개의 목적어를 가지는 문형이다. 즉, 이 문형은 '이중목적어 술어문형'이다. 이 문형은 동사의 의미적 특성에 따라 다시 '수여 술어구문', '박탈 술어구문' 및 '호칭 술어구문' 등의 세 구문으로 나뉜다.

5.1. 수여 술어구문

5.1.1. 기본구조

	S		부가성분	V	부가성분		O1		O2		
	행위자/주는 사람			[+주다]			받는 사람·대상		주는 물건/내용		부가성분 및 문장부호
a	你	+		教	给	+	我	+	日语	+	吧。
b	我们			送	给		你		韩国传统工艺品		，怎么样？
c	他			还	给		图书馆		一本小说		。
d	我			通知			他		这个消息		。
e	他			告诉			我		这是药		。

5.1.2. 구문의미와 구조특징

◆ 이 구문의미는 '주어가 제1목적어(간접목적어)에게 제2목적어(직접목적어)를 주다'이다. 따라서 '수여 술어구문'으로 명명한다.
◆ 주어는 주는 사람이다.
◆ 술어의 의미특징은 [+주다]이다.
◆ 간접목적어(O1)는 직접목적어의 지시물을 받는 사람·대상이다.
◆ a-c는 동사 뒤에 받는 대상을 지정하는 부가어 '给'를 더할 수 있으나, d-e의 동사 뒤에는 부가할 수 없다.
◆ e의 직접목적어(O2)는 '주술구조'의 절로 충당되었다.

5.1.3. 심화 학습

1) 수여 술어구문의 부가성분

행위에 대한 더 구체적인 내용을 표현하고자 할 때는 동사의 앞뒤에 해당 의미를 나타내는 말을 부가할 수 있다.

(1) 你可以教我上网吗？ 당신은 내가 인터넷 접속하는 것을 가르쳐줄 수 있나요?

(2) 他教过我上网的办法。그는 내가 인터넷에 접속하는 방법을 가르쳐준 적이 있다.

(3) 我一定送给你一包中国茶叶。나는 반드시 너에게 중국차 한 봉지를 보내줄 것이다.

2) 제5문형 동사의 분류

제5문형에서 [주다]와 [받다]의 의미는 다양하게 표현된다. 이 구문에서 부가어(보어) '給'의 부착여부는 [+주다]의 구문의미를 분명하게 하는 중요한 요소이다. 먼저 제5문형(SVO1O2) 동사에 대한 분류표를 보자.

〈제5문형(SVO1O2) 동사의 분류〉

동사의 유형과 의미		'給' 부가 여부	동사의 예
A형	[주다]	+	送, 交, 还, 输, 教 卖, 寄, 介绍
B형	[주다]	−	给, 告诉, 通知, 帮助
C형	[주다]·[받다]	−	问, 请教
D형	[주다]·[받다]	+	借, 租, 换, 买, 拿

B, C와 같이 동사에 '給'를 부가할 수 없는 경우에 주의하자. 또 D형의 동사들은 단독으로 쓰일 때 중의현상이 생긴다. 다음 예문을 보자.

(1) 他借我一百块钱。① 그는 나에게 100원을 빌렸다

② 그는 나에게 100원을 빌려주었다.

(1') 他借给我一百块钱。그는 나에게 100원을 빌려주었다.

따라서 특히 ②의 의미만을 표시하기 위해서는 (1')처럼 [+주다]의 의미를 나타내는 보어 "給"를 동사 뒤에 부가해야 한다.

※ 주의

다음 예를 보자.

(1) 她就给我送了一个礼物。그녀는 나에게 선물 하나를 보냈다.

(2) 她爸爸给我介绍了很多韩国的情况。그녀의 아빠는 나에게 많은 한국의 상황을 소개했다.

위의 예는 제5문형(SVO1O2), 즉 [주어+술어+목적어1+목적어2] 문형이 아니다. 예문의 "給"는 모두 전치사로 '~에게'의 의미이다. 따라서 이 구문은 '전치사 표지 술어문형(SPPV)'의 일종이다. 이 문형에 대해서는 본서 Ⅳ장의 1.11에서 자세히 다룬다.

5.1.4. 구문 연습

1) 예문에서 [+주다]를 나타내는 '동사'와 '주는 물건'에 각각 밑줄을 그으시오.

(1) 金老师教我们汉语。
(2) 我送她一个大娃娃。
(3) 他们通知我这个消息。
(4) 我介绍给你一本小说。
(5) 我每天早上给你们三个水果。

2) 다음을 '수여 술어구문' 의미에 적절하게 해석하시오.

(1) 我给他一本书。
(2) 我租给他一间房子。
(3) 他告诉我这是药。
(4) 我寄给老师一张卡片。
(5) 男朋友送我情人节礼物。

3) 주어진 어구를 써서 '수여 술어구문'으로 작문하시오.

(1) 나는 그에게 2천원을 빌려주었다. [借给]
(2) 나는 그에게 문자 메세지 하나를 보냈다. [发给]
(3) 나는 그에게 비밀 하나를 말해주었다. [告诉]
(4) 나는 그에게 내 전화번호를 적어주었다. [写给]
(5) 나는 그녀에게 목걸이 하나를 사주었다. [买给]

4) 연습문제 1)-2)의 각 예문을 다음 구문분석표에 적용시켜보자.

S		부가성분	V	부가성분		O1		O2		부가성분 및 문장부호
행위자/주는 사람			[+주다]			받는 대상·사람		주는 물건/내용		
	+				+		+		+	

5.2. 박탈 술어구문

5.2.1. 기본구조

	S 행위자/받는 사람·대상		부가성분	V [+받다]	부가성분		O1 주는 사람		O2 받는 물건/내용		부가성분 및 문장부호
a	我			问			你		一个问题		。
b	他	+		要		+	我	+	两万块钱	+	。
c	酒			偷	走了		他		健康		。
d	我			收	了		他		一万块钱		ㄴ
e	我			请教	了		李老师		一个问题		。

5.2.2. 구문의미와 구조특징

- 이 구문의미는 '주어가 제1목적어(간접목적어)에게서 제2목적어(직접목적어)를 받(/획득하/빼앗)다'이다. 따라서 '박탈 술어구문'이라 명명한다.
- 주어는 받는 사람·대상이다.
- 술어의 의미특징은 [+받다]·[+회수하다]·[+빼앗다] 등이다.
- 간접목적어(O1)는 직접목적어가 지시하는 대상을 주(/빼앗기)는 사람이다.
- a에서 문제의 답을 받는 사람은 궁극적으로 주어인 '我'이다.
- c의 주어는 무생물이지만 역시 받는 대상이다.

5.2.3. 심화 학습

이 구문에서 간접목적어가 직접목적어의 소유물일 경우에 대해 살펴보자.

(1) 他(S)要(V)我[的]两万块钱(O)。
그는 나의 2만원을 요구하였다.
(2) 他(S)偷(V)我[的]一百块钱(O)。
그는 나의 100원을 훔쳤다.
(3) 我(S)收(V)了他[的]一万块钱(O)。
그는 나의 1만원을 받았다.

예에서 보듯 '的'를 부가하면, 이 구조는 'SVO'문형으로 전환된다.

5.2.4. 구문 연습

1) 괄호 안에 [+받다]를 나타내는 적당한 '동사'를 써서 완성하시오.

(1) 她[ ]了我一本书。그는 나에게서 책 한권을 가져갔다.
(2) 我[ ]了爸爸很多钱。그는 아빠의 많은 돈을 탕진했다.
(3) 烟[ ]走了他健康。담배는 그로부터 건강을 훔쳐갔다.
(4) 他们[ ]了我两道题。그는 나에게서 두 문제를 베껴갔다.
(5) 我[ ]了她一个吻。나는 그녀에게 키스를 애원했다.
(6) 他们[ ]我一件事。그들은 나에게 한 가지 일을 부탁했다.

2) 다음을 '박탈 술어구문' 의미에 적절하게 해석하시오.

(1) 我收了他二十块钱。
(2) 小偷偷了我钱包。
(3) 他们求我一件事。
(4) 我问他路怎么走。
(5) 我喝了他一杯果汁。
(6) 他们征求老师意见。

3) 주어진 동사를 써서 '박탈 술어구문'으로 작문하시오.

(1) 나는 선생님께 한 문제를 여쭈었다. [问]
(2) 그녀는 나에게 뽀뽀해 줄 것을 원했다. [索]
(3) 그녀는 나에게서 1만원을 갈취해갔다. [骗]
(4) 나는 그로부터 많은 돈을 벌었다. [赚]
(5) 그는 나에게 큰돈을 요구했다. [要]

4) 연습문제 1)–2)의 각 예문을 다음 구문분석표에 적용시켜보자.

S			V			O1		O2		부가성분 및 문장부호
행위자/ 받는 사람·대상	+	부가 성분	[+받다]	부가 성분	+	주는 사람	+	받는 물건/내용	+	

5.3. 호칭 술어구문

5.3.1. 기본구조와 문형의미

	S			V			O1		O2		부가성분 및 문장부호
	행위자		부가성분	[+호칭]	부가성분		호칭 대상		호칭 내용		
a	大家	+		叫		+	他	+	马大哈	+	。
b	他们		都	叫			我		小朋友		。
c	你们			称呼			他		叔叔		。
d	你们		别	称呼			我		老师		。

5.3.2. 구문의미와 구조특징

- 이 구문의미는 '주어가 제1목적어(간접목적어)를 제2목적어(직접목적어)로 호칭함'이다. 따라서 '호칭 술어구문'으로 명명한다.
- 주어는 호칭행위를 하는 사람이다.
- 술어의 의미특징은 [+호칭]이다.
- 간접목적어(O1)는 호칭대상이다.
- 직접목적어(O2)는 호칭의 내용이다.

5.3.3. 구문 연습

1) 다음 예문 가운데 [+호칭]을 나타내는 '동사'와 그 호칭 내용에 밑줄을 그으시오.

(1) 大家叫我大哥。
(2) 同学们称她仙女。
(3) 妈妈喊我宝贝。
(4) 我们称呼他王师傅。
(5) 人们尊称杜甫诗圣。

2) 다음을 '호칭 술어구문' 의미에 적절하게 해석하시오.

(1) 他们都叫我老金。
(2) 他们称呼她姐姐。
(3) 中国称高速火车"动车"。
(4) 科学家命名它冥王星。
(5) 我们尊称他艺术大师。

3) 주어진 동사를 써서 '호칭 술어구문'으로 작문하시오.

(1) 샤오왕은 나를 선생님이라고 부른다. [叫]
(2) 그녀는 나를 오빠라고 부른다. [称]
(3) 사람들은 그를 모범근로자라고 부른다. [喊]
(4) 급우들은 샤오왕을 "척척박사"라고 부른다. [称]
(5) 백두산은 중국사람들이 장백산이라고 부른다. [叫]

4) 연습문제 1)−2)의 각 예문을 다음 구문분석표에 적용시켜보자.

S 행위자		부가성분	V [+호칭]	부가성분		O1 호칭 대상		O2 호칭 내용		부가성분 및 문장부호
	+				+		+		+	

6 제6문형: 겸어식 술어문형(S1V1'O1/S2'V2O2)

제6문형은 구조적인 특징에 근거하여 '겸어문(ⓒ兼语句)'이라 한다. 본서는 술어의 의미특징을 우선하여 문형을 설정한 다음, 그 문형 속의 각 구문들이 가지는 의미를 중시한다. 이러한 관점에서 우리는 이 문형을 '겸어식 술어문형'이라고 명명한다.

이 문형에서 술어가 누구에게 어떤 일을 시키는 의미를 나타내는 경우를 '겸어식 사역 술어구문'이라 하고, 또 이 문형에 속하는 구문일지라도 '시키다'의 의미를 나타내지 않는 경우는 '겸어식 비사역 술어구문'이라 한다.

6.1. 겸어식 사역 술어구문

6.1.1. 기본구조

S1			V1 [+사동] 행위				겸어兼语 O1 [+사동]대상		V2 제2 행위				O2		부가성분 및 문장부호
행위자			부가성분	동사	부가성분		S2 제2행위자		부가성분	동사	부가성분		제2행위 대상		
a	他们			请			你		早一些	来					。
b	妈妈	+		让		+	我	+	来	接待		+	客人	+	。
c	他			叫			我			带	来		一本书		。
d	他			派			我们		到这儿	来					。
e	他			让			我		替你	做					。
f	老师			鼓励			我们			学	好		功课		。
g	上司			使			人		去	打听			消息		。

6.1.2. 구문의미와 구조특징

- 이 구문의미는 '주어가 제1동사를 통해 목적어(O1)가 제2동사의 행위를 하도록 시킴'이다.
- 제1 동사는 주어의 행위로, '시키다'의 [+사동] 의미특징이 있다.
- '제1 목적어'는 그에 후속하는 술어의 '주어'를 겸하므로 '겸어(ⓒ兼语)'라 한다.
- 제2 동사는 겸어의 행위이나, 주어가 시킨 결과로 인해 발생한 행위이다.
- 제1 동사와 겸어 사이에는 쉼(ⓒ停顿)이 없다. 따라서 제1 동사와 겸어 사이에는 부사어를 부가할 수 없다.

6.1.3. 심화 학습

1) 조심해야 할 사역동사 '使'

'使'는 다른 사동의미의 동사와 뚜렷한 특징이 있다. 즉 다른 사동동사와 달리 주어는 일반적으로 사람이 아니며, 술어도 동작동사가 아닌 경우가 많다.

(1) 虚心使人进步，骄傲使人落后。
　　겸허는 사람을 진보하게하고, 교만은 사람을 낙후하게 만든다.
(2) 这封信使他大吃一惊。
　　이 편지는 그를 매우 놀라게 하였다.
(3) 他们的动作的迅速使我眼花缭乱。
　　그들의 신속한 동작은 나의 눈을 어지럽게 하였다.
(4) 她的回答使我十分满意。
　　그녀의 대답은 나를 매우 만족시켰다.

따라서 '使'로 이루어지는 겸어식 사동구문은 "어떤 사건의 원인이나 결과가 '겸어'로 하여금 어떤 상태가 되게 함"이라는 구문의미를 주로 나타낸다.

2) 겸어식 사역 술어구문의 부정

사동의 의미를 나타내는 동사, 즉 'V1'의 앞에 부정부사를 붙인다.

(1) 他们[不/没]请你早一些来。
(2) 妈妈[不/没]让我来接待客人。
(3) 他[不/没]叫我带来一本书。
(4) 他[不/没]派我们到这儿来。

3) 겸어구의 문장성분 충당 기능

겸어구조는 각종의 문장성분으로 충당될 수 있다.

(1) [请]他来是对的。〈주어〉
　　그를 초청한 것은 옳다.
(2) 我们[选]他当代表。〈술어〉
　　우리는 그를 대표로 뽑는다.
(3) 领导已经决定[派]几个人去学习。〈목적어〉
　　지도자는 몇 사람이 가서 배우도록 파견할 것을 이미 결정했다.
(4) 他刚才问我一个[叫]人摸不着头脑的问题。〈관형어〉
　　그는 방금 나에게 머리가 헷갈리게 하는 문제 하나를 물었다
(5) 事情发生得[让]人感到突然。〈보어〉
　　일이 갑작스럽다고 느끼게끔 발생하였다.

6.1.4. 구문 연습

1) 괄호 안에 [+사역]을 나타내는 적당한 '동사'를 넣어 완성하시오.

(1) 他们也[　]我吃饭什么的。그들도 나를 청해 식사 등을 하게 한다.

(2) 他们常常[　]我到他们家玩儿。그들은 자주 나를 자기네 집으로 놀러오라고 초청한다.

(3) 你[　]她给我打个电话。당신은 그녀가 나에게 전화하도록 하세요.

(4) 我[　]那儿附近的车过去。제가 그 부근의 자동차가 가도록 하겠습니다.

(5) 这事[　]他们觉得活着有意思。이 일은 그들로 하여금 산다는 것이 재미있는 것이라고 느끼게 했다.

2) 다음을 '겸어식 사역 술어구문'의미에 적절하게 해석하시오.

(1) 你就让我放心不下！

(2) 我劝他多出去活动活动。

(3) 我们派他去上海了。

(4) 曹丕叫曹植在七步内写一首诗。

(5) 今天李华的爸爸、妈妈请我们吃晚饭。

3) 주어진 단어를 써서 '겸어식 사역 술어구문'으로 작문하시오.

(1) 오늘은 우리들이 너에게 밥을 살게. [请], [吃]

(2) 선생님은 너보고 노트를 내라고 하신다. [叫], [交]

(3) 모두들 그를 대표로 뽑았다. [选], [当]

(4) 너는 마땅히 그가 좀 쉬도록 권해야 한다. [劝], [休息]

(5) 나라에서는 각 가정마다 남자 한 명씩을 보내라고 요구한다. [要求], [派]

4) 연습문제 1)-2)의 각 예문을 다음 구문분석표에 적용시켜보자.

S1		V1 [+사동] 행위				겸어 兼语 O1 [+사동]대상		V2 제2 행위				O2		부가성분 및 문장부호
행위자		부가성분	동사	부가성분		S2 제2행위자		부가성분	동사	부가성분		제2행위 대상		
	+				+		+				+		+	

6.2. 겸어식 비사역 술어구문

6.2.1. 기본구문

S1		V1 [-사동] 행위				겸어兼语 O1 [-사동]대상		V2 제2행위				O2		부가성분 및 문장부호
행위자		부가성분	동사	부가성분		S2 제2행위자		부가성분	동사	부가성분		제2행위 대상		
他	+		有		+	一个妹妹	+	在北京	读		+	大学	+	。
我			收			他			做			徒弟		。
他			写	了		个剧本		只	有			三个人物		。
他			怪			我		不早	说					。

6.2.2. 구문의미와 구조특징

- 이 구문은 제6문형(S1V1'O/S'V2O)에 속하기는 하지만, '겸어로 하여금 …을 하도록 시키다'는 사역의 의미가 없다.
- 이 구문의 제1 동사가 [-사동]이다.
- 이 구문의 겸어는 두 번째 동사의 능동적 행위자이다.

6.2.3. 심화 학습

1) 겸어문과 목적절구문의 차이

겸어구문과 목적절구문의 차이는 의미적으로 '사동성'이 있느냐의 차이 말고도 제1동사와 목적어 사이의 긴밀도에서 차이도 있다. 이는 해당 부분의 끊어 읽기(쉼)의 차이이다. 먼저 다음 예를 보자.

(1) a. * 我们 ‖ 派 ∨ 他去北京。
　　b. 我们 ‖ 派他 ∨ 去北京。
　　우리는 그를 파견하여 북경으로 보낸다.
(2) a. * 我们派[明天]他去北京。
　　b. 我们派他[明天]去北京。
　　우리는 그를 파견하여 내일 북경으로 보낸다.

['‖'는 제1의 끊어 읽기 위치, '∨'는 제2의 끊어 읽기 위치]

각 예문의 a에서 보듯 겸어구문의 제1 동사와 겸어 사이에는 쉼을 주면 어색하다. 또 b에서 보듯 겸어구문의 제1 동사와 겸어 사이에는 부사어를 부가할 수 없다. 이는 사역동사와 겸어사이의 의미관계가 매우 밀접함을 말한다.

반면, 목적절을 가지는 구문은 겸어구문의 경우처럼 제약이 있지 않다. 즉 예(3)에서 보듯 제1 동사와 목적어절 사이에는 쉼이 있어도 되며, 예(4)에서 보듯 제1 동사와 목적어절 사이 혹은 목적어절의 주어와 술어 사이에 부사어를 부가할 수도 있다.

(3) a. 我们 ‖ 希望 ∨ 他去北京。
우리는 ‖ 그가 북경으로 가는 것을 ∨바란다.
b. 我们 ‖ 希望他 ∨ 去北京。
우리는 ‖ 그가 ∨북경으로 가는 것을 바란다.
(4) a. 我们希望[明天]他去北京。
우리는 내일 그가 북경으로 가는 것을 바란다.
b. 我们希望他[明天]去北京。
우리는 그가 북경으로 내일 가는 것을 바란다.

결국, 겸어문을 구성하는 술어는 목적어인 겸어와 밀접한 의미적 관계를 가지며, 후속하는 두 번째 술어에 영향을 준다. 반면, 목적어절을 가지는 술어는 목적절 전체를 지배대상으로 가진다 하겠다.

2) '겸어식'과 '연동식'이 섞인 구문
(1) 你[劝他]坐飞机去上海的吗?<겸어식＋연동식>
네가 그에게 비행기를 타고 상하이에 가라고 했니?
(2) 你写封信[叫他]赶快来。<연동식＋겸어식>
당신이 편지를 써서 그에게 빨리 오라고 하세요.

6.2.4. 구문 연습

1) 다음 예문에서 [−사동]을 나타내는 '동사'에 밑줄을 치시오.
(1) 我收他做徒弟。
(2) 他怪我不早说。
(3) 他写了个剧本只有三个人物。
(4) 他有一个妹妹在北京读大学。

2) 다음을 '겸어식 비사역 술어구문' 의미에 적절하게 해석하시오.
(1) 我收他做徒弟。
(2) 他怪我不早说。
(3) 他写了个剧本只有三个人物。
(4) 他有一个妹妹在北京读大学。

7 제7문형: 연동식 술어문형(SV1O1V2O2)

이 문형은 '동일한 주어에 속하는 술어가 두 개 이상인 구조'이다. 본서는 이 구문을 '연동식 술어문형'이라 칭한다. 이 문형은 두 술어간의 의미관계[15]에 따라 다음과 같은 다섯 가지 구문으로 재분류된다.

7.1. 순차표시 술어구문

7.1.1. 기본구조

	S1 행위자	부가성분	V1 제1행위동사	부가성분	O1 제1행위대상	부가성분	V2 제2행위동사	부가성분	O2 제2행위대상	부가성분 및 문장부호
a	他		倒		水		喝			。
b	他		看	了	那封信		高兴	极了		。
c	他		看		书		看	累		了。
d	他		看	完	电影	去	买		东西	。
e	咱们		开		个会	来	讨论	一下		吧。

7.1.2. 구문의미와 구조특징

- 이 구문의 의미는 '두 동작 간에 순차(/순접)적인 시간순서가 있음'이다.
- 주어는 두 동작 'V_1'과 'V_2'의 행위자이다.
- 'V_1'과 'V_2' 사이에는 '순접'의 의미관계가 있다.
- 부가성분은 일반적으로 제2 동사의 앞뒤에 위치한다.
- d와 e의 '去'와 '来'는 실제의미를 잃고 단순히 두 동작을 연결시키는 기능을 보이는 부가성분(구조조사)이다.

15) '연동식'문형은 동일한 주어에 딸린 동사가 2개 이상인 구조이다. 따라서 이들 두 동사 사이에는 '시차', '행위·방법', '목적' 및 '상반행위에 대한 설명', '동시 동작' 등의 의미관계가 발생한다.

7.1.3. 심화 학습:

1) '有' 연동구문

제1동사를 '有'로 하는 연동식이다.

	S1 행위자		부가성분	V1 제1행위동사	부가성분		O1 제1행위대상		부가성분	V2 제2행위동사	부가성분		O2 제2행위대상		부가성분 및 문장부호
a	他	+		有		+	钱	+		用		+		+	。
b	他			有			话		要	说					。
c	他			有			作业		要	做					。
d	他			有			能力			领导			这项工作		。

'有'를 쓰는 연동구문은 한국어로 번역할 때 제2 동사구가 먼저 해석되는 특징이 있으며, 제1 목적어는 제2동사의 '전제'나 '행동의 조건'이 되는 경우가 많다.

(1) 我有时间可以去。나는 갈 수 있는 시간이 있다.
(2) 他有能力做这件事。그는 이일을 할 능력이 있다.
(3) 我有问题要问老师。 나는 선생님에게 여쭐 문제가 있다.

2) 'S+帮+O+V' 구조는 '연동술어 구문'일까 '사동술어 구문'일까?

이 질문의 답을 위해서는 중국어 문장에서 **두 번째 술어의 행동자가 누구일까**를 밝히는 것이 중요하다. 다음 예를 보자.

(1) 我帮你拿行李。제가 (당신을 도와서)짐을 들어드리겠습니다.
(2) 我帮妈妈拿出茶杯。나는 어머니를 도와서 찻잔을 내왔다.
(3) 我帮你洗吧。제가 씻어드릴까요?

예(1)-(3)에서 각 문장의 주어는 첫 번째 동사구의 주어일 뿐만 아니라, 두 번째 동사구의 주어이기도 하다. 즉 하나의 주어에 연계된 두 개의 행위를 표시하는 구문이다. 따라서 'S+帮+O+V' 구조는 연동문이다.

7.1.4. 구문 연습

1) 괄호 안에 '순차'를 표시하는 적당한 두 동사를 넣어 완성하시오.

(1) 你[ ]手[ ]饭吧。손을 씻고 밥을 먹읍시다.

(2) 你[ ]外衣[ ]吧。옷을 벗고 잠을 자거라.

(3) 我[ ]你[ ]房间。내가 너를 도와 방청소를 해 줄게.

(4) 他[ ]上新买的衣服[ ]了。그는 새로 산 옷을 입고 밖으로 나갔다.

(5) 小王[ ]了丰盛的晚餐[ ]极了。샤오왕은 풍성한 저녁식사를 먹고는 매우 행복해졌다.

2) 다음 예문을 '순차표시 술어구문' 의미에 어울리게 해석하시오.

(1) 我们吃饭去逛街。

(2) 我写作业写腻了。

(3) 我们听了那些话高兴极了。

(4) 她打电话询问发货的时间。

(5) 我们上网可以进入一个新的世界。

3) 주어진 동사를 써서 '순차표시 술어구문'으로 작문하시오.

(1) 그들은 회의를 마치고 식사하러 갔다. [开会], [吃]

(2) 아이들은 이야기를 듣고 웃기 시작했다. [听], [笑]

(3) 모두 자기의 의견을 말할 권리가 있다. [有], [说]

(4) 이 일은 대중에 의지하여 스스로 해결해야만 합니다. [靠], [解决]

(5) 너희들이 중국어를 공부하면 중국친구들과 이야기할 수 있게 된다. [学习], [交谈]

4) 연습문제 1)-2)의 각 예문을 다음 구문분석표에 적용시켜보자.

S1			V1			O1			V2			O2		부가성분 및 문장부호
행위자		부가성분	제1행위동사	부가성분		제1행위대상		부가성분	제2행위동사	부가성분		제2행위대상		
	+				+		+				+		+	

7.2. 목적표시 술어구문

7.2.1. 기본구조

S1			부가성분	V1	부가성분		O1		부가성분	V2	부가성분		O2		부가성분 및 문장부호
행위자				제1행위 동사			제1행위 대상			제2행위 동사			제2행위 대상		
a	他	+		上		+	书店	+		买		+	书	+	。
b	他			去			美国			学习					。
c	他		要	去			医院			看病					。
d	我			去			电影院			看			电影		。
e	你			买			这么多水果			干			什么		?

7.2.2. 구문의미와 구조특징

◆ 이 구문의미는 '제2 행위가 제1 행위의 목적이 됨'이다.

◆ 주어는 두 동작 'V_1'과 'V_2'의 행위자이며, 'V_2'는 'V_1'의 목적을 표시한다.

7.2.3. 심화 학습

'목적'을 표시하는 '연동식 술어구문'의 경우, 중국어는 첫 번째 동사와 두 번째 동사가 순차적인 시간관계를 가진다. 그러나 한국어의 경우는 그 역순이다. 다음 예를 보자.

(1) 他上书店买书。
그는 책을 사러 서점에 간다.

(2) 我去电影院看电影。
나는 영화를 보러 극장에 간다.

예(1)-(2)에서 'V_1'인 '上'과 '去'는 각각 'V_2'인 '买'와 '看'보다 시제적으로 앞선다. 그러나 한국어의 배열순서는 중국어와 정반대이다. 이러한 동사 배열의 차이는 한국어가 모어인 중국어 학습자에게 있어 상당한 간섭요인이 될 수 있다.

7.2.4. 구문 연습

1) 괄호 안에 '목적'를 표시하는 적당한 두 동사를 넣어 완성하시오.

(1) 我[ ]操场[ ]足球。나는 축구하러 운동장에 간다.

(2) 妈妈[ ]医院[ ]。엄마는 진찰하러 병원에 가신다.

(3) 我[ ]面包店[ ]面包。나는 빵을 사러 빵가게에 간다.

(4) 我[ ]音乐厅[ ]歌剧。나는 가극을 들으러 음악실에 간다.

(5) 小王[ ]老家[ ]。샤오왕은 친지를 방문하러 고향에 간다.

2) 다음 예문을 '목적표시 술어구문' 의미에 알맞게 해석하시오.

(1) 他去云南旅游。
(2) 我到银行去存钱。
(3) 我们来图书馆还书。
(4) 她明天要去北京出差。
(5) 他报英语补习班学习英语。

3) 주어진 동사를 써서 '목적표시 술어구문'으로 작문하시오.

(1) 나는 돈을 찾으러 은행에 간다. [去], [取钱]

(2) 그녀는 중국어를 공부하러 중국에 간다. [去], [学习]

(3) 샤오리는 책을 빌리러 도서관에 간다. [去], [借]

(4) 우리는 과일을 사러 슈퍼마켓에 간다. [去], [买]

(5) 나는 모임에 참가하려고 친구를 찾는다. [找], [参加]

4) 연습문제 1)-2)의 각 예문을 다음 구문분석표에 적용시켜보자.

S1			V1			O1			V2			O2		부가성분 및 문장부호
행위자		부가성분	제1행위동사	부가성분		제1행위대상		부가성분	제2행위동사	부가성분		제2행위대상		
	+				+		+				+		+	

7.3. ‘수단/방식’ 표시 술어구문

7.3.1. 기본구조

	S1 행위자		부가성분	V1 제1행위 동사	부가성분		O1 제1행위 대상		부가성분	V2 제2행위 동사	부가성분		O2 제2행위 대상		부가성분 및 문장부호
a	我们			走	着[16]					去			车站		吧。
b	我们	+	要	坐		+	飞机	+		去		+	广州	+	。
c	他们			打			出租车			来	了				。
d	小王			趴	在		桌子上			睡觉					。
e	他们		每天	坐			地铁			上学					。

7.3.2. 구문의미와 구조특징

◆ 이 구문의미는 ‘제1행위가 제2행위의 수단/방식이 됨’이다.

◆ a-c에서 보듯 이 구문의 두 번째 동사는 ‘来/去’로 충당되는 경우가 많으며, 이때 두 번째 목적어는 장소를 표시하는 명사구로 충당된다.

7.3.3. 심화 학습

연동구조가 문장성분으로 충당되는 양상에 대해 알아보자.

(1) 躺着看书对眼睛不好。<주어>
누워서 책을 보는 것은 눈에 좋지 않다.

(2) 他们坐飞机来北京。<술어>
그들은 비행기를 타고 베이징에 온다.

(3) 我主张找她谈谈。<목적어>
나는 그녀를 찾아서 대화할 것을 주장한다.

(4) 去参观工艺美术展览的人很多。<관형어>
공예미술전에 참관하러 가는 사람이 많다.

(5) 他累得躺在沙发上睡着了。<보어>
그는 피곤해서 소파에 누워 잠들었다.

예 (1)-(5)에서 보듯 연동구조는 다양한 문장성분으로 쓰일 수 있다.

16) 앞 동사의 목적어 없이 수단이나 방식을 나타내는 경우는 “着”을 부가한다. 이때 ‘동사+着’ 구조는 뒤 동사와 ‘동시동작’을 의미하는 경우도 있으므로 주의가 필요하다. 이에 대해서는 7.5에서 다시 다룬다.

7.3.4. 구문 연습

1) 다음 예문에서 '수단/방식' 관계를 표시하는 두 동사에 각각 밑줄을 그으시오.

(1) 我走着去学校。

(2) 她坐火车去釜山。

(3) 我骑自行车逛街。

(4) 他们执钢鞭打人。

(5) 他们坐汽车去北京。

2) 다음 예문을 '수단/방식' 표시 술어구문에 알맞게 해석하시오.

(1) 小李走着去超市。

(2) 我准备坐船回国。

(3) 我坐火车去他们那儿。

(4) 她拿着筷子吃饭。

(5) 我们刚才打出租汽车来这儿的。

3) 주어진 동사를 써서 '수단/방식' 표시 술어구문으로 작문하시오.

(1) 그들은 걸어서 작은 공원으로 갔다. [走], [去]

(2) 그는 매일 지하철을 타고 수업에(/하러) 옵니다. [坐], [来]

(3) 그는 매번 모두 비행기를 타고 출장을 갑니다. [坐], [出差]

(4) 내일은 우리가 차를 몰아 상하이에 갑시다. [开车,] [去]

(5) 그들은 작은 배를 타고 한 작은 섬으로 갔다. [乘], [去]

4) 연습문제 1)-2)의 각 예문을 다음 구문분석표에 적용시켜보자.

S1			V1			O1			V2			O2		부가성분 및 문장부호
행위자		부가 성분	제1행위 동사	부가 성분		제1행위 대상		부가 성분	제2행위 동사	부가 성분		제2행위 대상		
	+				+		+				+		+	

7.4. 상반행위 표시 술어구문

7.4.1. 기본구조

	S1	+	V1			+	O1	+	V2			+	O2	+	부가성분 및 문장부호
	행위자		부가성분	제1행위 동사	부가성분		제1행위 대상		부가성분	제2행위 동사	부가성분		제2행위 대상		
a	他俩		互相	握	住		手		不	放					。
b	他			抓	住		我的手		不	放					。
c	她			拉	住		我的胳膊		不	放开					。
d	他			抱	住		小王的腿		不	送					。
e	他			坐	在		那边		不	站	起来				。

7.4.2. 구문의미와 구조특징

- 이 구문의미는 '정면과 반면의 두 방면에서 주어의 행위에 대해 설명함'이다.
- 제1행위와 제2행위는 '상반된 의미'를 나타내는 동사구로써 충당된다.
- 제2동사의 목적어는 제1동사의 목적어와 같으므로 다시 쓰지 않는다.
- V_2의 앞에 위치하는 부정부사 "不/没"는 정면과 반면의 의미표현을 위한 필수요소이다.

7.4.3. 심화 학습

주어가 보이는 행위의 '정면'과 '반면'의 두 방면은 다양하다.

(1) 他穿这件衣服一周没换。
그는 이 옷을 입고 일주일 동안 안 갈아입었다.

(2) 他紧闭着嘴一句话也不说。
그는 입을 꽉 다물고 한 마디도 말하지 않는다.

(3) 她每天按时上课从不缺勤。
그녀는 매일 시간에 맞추어 수업하며 줄곧 결근하지 않는다.

예에서 보듯 두 술어 사이에는 부정어의 유무뿐만 아니라 다양한 반의관계의 어휘들이 운용될 수 있다.

7.4.4. 구문 연습

1) 괄호 안에 '상반행위'를 나타내는 적당한 어구를 써서 완성하시오.

(1) 他[　　]我的手[　　]。그는 나의 손을 잡아당기면서 놓아주지 않는다.

(2) 他[　　]我[　　]。그는 나를 좇으며 놔주지 않는다.

(3) 她[　　]我的衣服[　　]。그는 나의 옷을 붙잡고 놓지 않는다.

(4) 爸爸[　　]脾气[　　]。아빠는 성질을 참고 화내지 않으신다.

(5) 警察[　　]小偷[　　]。경찰은 도둑을 잡고 놓아주지 않는다.

2) 다음을 '상반행위 표시 술어구문' 의미에 어울리게 해석하시오.

(1) 他用力拉住我不放。

(2) 她紧紧抓住我的书包不放。

(3) 他拧着毛巾不放。

(4) 狗熊咬住他的腿不放。

(5) 他抢了我的东西不给。

3) 주어진 동사를 써서 '상반행위 표시 술어구문'으로 작문하시오.

(1) 할머니는 나의 손을 잡고 놓지 않으신다. [握], [放]

(2) 그는 나를 안고 놓아주지 않는다. [抱], [松开]

(3) 개가 도둑의 다리를 물고 놓지 않는다. [咬], [放]

(4) 그녀는 나의 머리카락을 잡고 놓아주지 않는다. [抓], [松开]

(5) 그는 나의 약점을 잡고 놓아주지 않는다. [抓], [放]

4) 연습문제 1)-2)의 각 예문을 다음 구문분석표에 적용시켜보자.

S1 행위자		부가성분	V1 제1행위 동사	부가성분		O1 제1행위 대상		부가성분	V2 제2행위 동사	부가성분		O2 제2행위 대상		부가성분 및 문장부호
	+				+		+				+		+	

7.5. 동시동작 표시 술어구문

7.5.1. 기본구조

	S1		부가성분	V1	부가성분		O1		부가성분	V2	부가성분		O2		부가성분 및 문장부호
	행위자			제1행위 동사			제1행위 대상			제2행위 동사			제2행위 대상		
a	他们			坐	着					看			书		。
b	小王	+		躺	着	+		+		睡觉		+		+	。
c	她			低	着		头			哭泣					。
d	他们			打	着		拍子			唱歌					。
e	小李			低	着		头			想			往事		。

7.5.2. 구문의미와 구조특징

- 이 구문의미는 '제1동작과 제2동작이 동시적으로 나타남'이다.
- 제1동작에 부가되는 지속 혹은 진행표시의 **'着'**는 **필수성분**이다.
- e에서 보듯 두 개의 목적어가 나타날 수도 있다.

7.5.3. 심화 학습

이 구문은 7.3과 7.4에서 다룬 '수단/방법' 및 '상반행위'표현 구문과 의미적으로 겹치는 면이 있다. 특히 제1동사에 '着'가 부가된 구조에 주의하자.

(1) 小王拐着腿读书。
그는 다리를 꼬고 책을 읽는다.

(2) 他拽着我的手不放。
그는 나의 손을 잡아당기면서 놓아주지 않는다.

(3) 他拧着毛巾不放。
그는 수건(의 물기를)을 짜면서 놓지 않는다.

(1)의 경우는 '수단/방법'의 의미를, (2)-(3)의 경우는 '상반행위' 표현의 의미를 겸하여 나타낸다.

7.5.4. 구문 연습

1) 괄호 안에 '동시동작'을 나타내는 적당한 술어를 넣어 완성하시오.

(1) 他[　　]看书。그는 엎드려서 책을 읽는다.

(2) 他总是[　　]看书。그는 늘 누워서 책을 본다.

(3) 她[　　]听音乐。그녀는 앉아서 음악을 듣는다.

(4) 小王[　　]头说话。샤오왕은 머리를 쳐들고 말한다.

(5) 他们[　　]咖啡聊天儿。그들은 커피를 마시면서 잡담한다.

2) 다음을 '동시동작 표시 술어구문' 의미에 어울리게 해석하시오.

(1) 她拐着腿读书。

(2) 他们笑着互相打招呼。

(3) 妹妹仰着头数星星。

(4) 他瞪着眼大声说话。

(5) 小王闭着眼睛想往事。

3) 주어진 동사를 써서 '동시동작 표시 술어구문'으로 작문하시오.

(1) 그는 누워서 텔레비전을 본다. [躺], [看]

(2) 배우들은 서서 노래를 부른다. [站], [唱歌]

(3) 그녀는 웃으면서 전화를 받는다. [笑], [接]

(4) 그는 노래하면서 교실로 들어왔다. [唱], [走]

(5) 샤오왕은 천천히 걸으면서 옛일을 추억했다. [散步], [回忆]

4) 연습문제 1)-2)의 각 예문을 다음 구문분석표에 적용시켜보자.

S1		부가성분	V1	부가성분		O1		부가성분	V2	부가성분		O2		부가성분 및 문장부호
행위자			제1행위 동사			제1행위 대상			제2행위 동사			제2행위 대상		
	+				+		+				+		+	

제 IV 장

1개의 '전치사 표지문형'을 알면 16개의 구문이 보인다

1. 제8문형: 전치사 표지문형(S'PP'VO)

제 IV 장

1개의 '전치사 표지문형'을 알면 16개의 구문이 보인다

1 제8문형: 전치사 표지문형(S'PP'VO)

본서는 전치사가 표지가 되는 문형을 '전치사 표지문형(SPPV)'이라 명명한다. 이 문형에서 전치사의 의미차이로 인해 나타낼 수 있는 구문의미는 매우 다양하여 총 16개의 구문이 설정된다.

1.1. 목적어 처치화 표시 전치사구문

1.1.1. 기본구조

	S 주어		PP 전치사 표지구			V 타동행위			O 목적어		부가성분 및 문장부호
	행위자		부가성분	把+행위대상	부가성분	동사	부가성분		(질적, 위치적) 변화결과		
a	他			把那个苹果		吃	完				了。
b	他	+	没	把这几首诗	+	背	得很好	+		+	。
c	大家			把他		选	为		班长		。
d	他			把这本小说		翻译	成		韩文		。
e	你爸爸			把那些照片		贴	在		墙上		了。
f	她			把机票		交	给了		我		。

1.1.2. 구문의미와 구조특징

- 이 구문의 의미는 '행위자가 어떤 대상을 처치하거나[17] 다른 상태로 변화하게 함'이다.
- 주어는 행위의 능동적인 주체자이다.
- '把+명사구'는 이 구문의 부사어이며, 이 명사구는 화자와 청자가 모두 아는 특정의 내용물이다.

17) 이런 점에서 王力(1985[1943]:124)은 소위 '처치식(处置式)'이라는 용어를 썼다.

- ◆ 술어는 일반적으로 [+동작성]이 강한 동사로 충당된다.
- ◆ 술어는 분석표에서 보듯 복잡한 형식이며, 후치의 부가성분은 필수적이다.
- ◆ 목적어(O)는 전치사 '把'의 목적어가 질적 또는 위치적으로 변화한 결과물이다. 즉 c-d에서 보듯 '把'의 목적어가 변화한 것, e에서 보듯 '把'의 목적어의 변화된 위치, f에서 보듯 '把'의 목적어가 이동된 대상 등이다.

1.1.3. 심화 학습

1) '把+명사구'의 특징

이 구조 속의 명사(구)는 일반적으로 '한정성'을 가진다.

(1) 我把这本小说看完了。그는 이 소설을 다 보았다.

(2) 爸爸把那些照片打印出来了。아빠는 그 사진을 현상하셨다.

두 문장의 '这本小说'와 '那些照片'은 말하는 사람이나 듣는 사람이 모두 아는 대상이므로, 지시어 '这'나 '那些'등을 사용했다.

2) '把' 뒤 동사의 특징

동사구는 각종 '보충어'를 필수적으로 포함한다.

(1) 大风把许多树刮倒了。센바람이 많은 나무를 쓰러뜨렸다.

(2) 他讲的笑话把大家的肚子都笑痛了。그가 말한 우스갯소리는 모두 배가 아프도록 웃게 했다.

보충성분은 일반적으로 (처치)행위에 대한 결과나 영향을 설명하는 결과보어를 수반한다.

3) 부가어의 위치

"把"자 구문에서 조동사나 부정부사 등의 부가어는 일반적으로 "把"자의 앞에 위치한다.

(1) 我还没把这本小说看完了。나는 아직 이 소설을 읽지 못했다.

(2) 我们应该把汉语学好。우리는 마땅히 중국어를 잘 배워야 한다.

(3) 他们把谁都不放在眼里。그들은 누구도 안중에 두지 않는다.

즉 (1)-(2) 처럼 부정부사나 조동사는 일반적으로 '把' 의 앞에 온다. 그러나 (3)은 표현이 숙어적이므로 '不'가 '把'의 뒤에 온 경우이다. 이 경우는 '把'의 뒤의 명사구는 한정성이 없으며, '모두(all)'의 의미특징이 있다.

1.1.4. 구문 연습

1) 다음 예문에서 '처치대상'에 밑줄을 그으시오.

(1) 他快把空调关上。
(2) 你把这些钱带着吧。
(3) 我把这本小说看完了。
(4) 他把这房间收拾干净。
(5) 他们把这些事也不放在心上。
(6) 你爸爸把那些照片打印出来。

2) 다음을 '목적어 처치화 표시 전치사구문' 의미에 알맞게 해석하시오.

(1) 你快把衣服穿上。
(2) 你把这些钱带着慢慢用。
(3) 王老师把我们介绍给大家。
(4) 人们常把聪明的人比喻为诸葛亮。
(5) 我昨天把王府井的几家时装店都跑遍了。
(6) 因此大家就把这一天定为现代足球的诞生日。

3) 주어진 어구를 써서 '목적어 처치화 표시 전치사구문'으로 작문하시오.

(1) 그가 그 컵을 깨뜨렸다. [把,] [打]
(2) 나는 그 돈을 다 써버렸다. [把], [花]
(3) 그들은 디 딜러를 모두 중국 돈으로 바꾸었다. [把], [换成]
(4) 그는 한국의 《春香传》을 중국어로 번역했다. [把], [翻译成]
(5) 중국인들은 설을 쇠는 것을 "过年"이라고 한다. [把], [叫做]
(6) 모두들 이날을 현대축구의 탄생일로 정하였다. [把], [定为]

4) 연습문제 1)-2)의 각 예문을 다음 구문분석표에 적용시켜보자.

S 주어 행위자		PP 전치사 표지구 부가성분	PP 전치사 표지구 把+행위대상		부가성분	V 타동행위 동사	부가성분		O 목적어 변화결과		부가성분 및 문장부호
	+			+				+		+	

1.2. 주어 피동화 표시 전치사구문

1.2.1. 기본구조

	S 주어 수동자(사람/사물)	PP 전치사 표지구 부가성분	PP 전치사 표지구 被/让/叫/给+행위자(사람/사물)	부가성분	V 타동행위 동사	부가성분	O 목적어 변화결과	부가성분 및 문장부호
a	那个孩子		被(小李)		打			了。
b	那本小说	昨天	被(人)		借	走		了。
c	他		被(大家)		选	为	班长	了。
d	山路		被(大雪)		封	住		了。
e	他的衣服		让树枝		挂	破		了。
f	你们的话		叫他		听	见		了。
g	那笔钱		给(∅)		拿	走		了。

(S + PP + V + O + 부가성분 및 문장부호)

1.2.2. 구문의미와 구조특징

- 이 구문의미는 '주어가 전치사 "被/让/叫/给"등으로 이끌리는 행위자에 의해 어떤 (일반적으로 좋지 않은) 행위를 당함'이다.
- 주어는 피동행위자(행위를 받는 자)이며, 일반적으로 한정적인 대상이다.
- 전치사 '被'나 '给'에 이끌리는 행위자 명사구는 생략할 수 있다.
- 피동을 나타내는 전치사표지는 '被', '让', '叫', '给'등이 있다.
- 술어는 일반적으로 부가성분을 필요로 한다.

1.2.3. 심화 학습

1) 행위자 '무표기'의 피동구문

언어 환경상 행위자가 명백하면 '被'나 '给'뒤의 행위자를 생략할 수 있다.[18)]

(1) 他被[∅]宣布为不受欢迎的人。그는 (구성원들에 의해) 환영받지 못하는 사람으로 널리 알려졌다.
(2) 那一股土匪不久就被[∅]消灭了。그 도적떼는 오래지 않아 (경찰에 의해) 소탕되었다.
(3) 那些剩下的东西给[∅]拿走了。 그 남은 물건들은 (다른 사람들이) 가져갔다.

[∅는 생략되었음을 표시함]

2) "被"구문과 "把"구문의 비교

"被"는 '피동'의 표지이고, "把"는 '주동(/능동)'의 표지이다. 이 두 구문은 아래와 같이 서로 변환될 수 있다.

NP_1+被+NP_2+VP	NP_1은 NP_2에게 VP당했다	⇌	NP_2+把+NP_1+VP	NP_2는 NP_1을 VP했다
小羊被老虎吃掉了。	그 양은 호랑이에게 먹혔다.	⇌	老虎把小羊吃掉了。	그 호랑이가 그 양을 먹어버렸다.
小李被他们选为组长。	이군은 그들에 의하여 조장으로 뽑혔다.	⇌	他们把小李选为组长。	그들은 이군을 조장으로 뽑았다.

18) 그러나 역시 피동문을 구성하는 표지로 잘 쓰이는 기타 "叫", "让"등의 경우는 불가하다.

1.2.4. 구문 연습

1) 다음 예문에서 피동표지와 행위자 명사구에 밑줄을 그으시오.

(1) 妈妈被她说服了。
(2) 衣服被雨水淋透了。
(3) 我的钱被骗子骗走了。
(4) 小金昨天被妈妈骂了一顿。
(5) 她被称为今年的“韩国小姐”。
(6) 牺牲的警察被国家认定为“见义勇为”。

2) 다음을 ‘주어 피동화 표시 전치사구문’ 의미에 어울리게 해석하시오.

(1) 他的建议被否决了。
(2) 他的小说被拍成了电影。
(3) 大家被这雨捆住了。
(4) 那个小偷被警察带走了。
(5) 她被大家笑了半天。
(6) 要是你看了这部电影，你可能被它吸引住。

3) 주어진 어구를 써서 ‘주어 피동화 표시 전치사구문’으로 작문하시오.

(1) 그는 해고되었다. [被开除]
(2) 인생은 종종 항해에 비유된다. [被比喻为]
(3) 샤오리는 학교로부터 퇴학당했다. [被], [开除]
(4) 샤오리는 하마터면 차에 치일 뻔 했다. [被], [撞倒]
(5) 당신은 그의 거짓말에 속지 마세요. [被], [所], [欺骗]
(6) 우리는 늘 그들의 감언이설에 빠져서는 안 된다. [被], [花言巧语], [所], [迷惑]

4) 연습문제 1)–2)의 각 예문을 다음 구문분석표에 적용시켜보자.

S 주어	+	PP 전치사 표지구		+	V 타동행위			+	O 목적어	+	부가성분 및 문장부호
수동자		부가성분	被/让/叫/给+ 행위자 (사람/사물)		부가성분	동사	부가성분		변화결과		

1.3. 행위주체 표시 전치사구문

1.3.1. 기본구조

	S 주어		PP 전치사 표지구			V 타동행위			O 목적어		부가성분 및 문장부호
	'행위/진술' 대상		부가성분	由 1 +행위주체		부가성분	동사	부가성분			
a	合同	+		由我们	+		定		+		+	。
b	准备工作			由我			负责				。
c	队长			由你			担任				。
d	会议			由你			主持				。
e	这件事			由我们公司		来	处理				。

1.3.2. 구문의미와 구조특징

- 이 구문의미는 '전치사 "由"에 이끌리는 명사구가 행위의 주체임을 표시함'이다.
- 주어는 술어의 '행위/진술'의 대상으로, 의미적으로 술어의 지배대상이다.
- 전치사 '由'에 이끌리는 행위자 명사구는 생략할 수 없다.
- 술어는 (주어로 충당되는 명사구를 지배대상으로 하는) 타동사이다.[19]

1.3.3. 심화 학습

["由"구문과 "被"구문의 비교]

이 두 구문은 모두 전치사 뒤에 '행위자'를 요구하며, 술어의 지배대상을 문두로 위치시키는 공통점이 있다. 먼저 '被' 구문의 예를 보자.

a. 小羊被(老虎)吃掉了。
   그 양은 호랑이에게 먹혔다.
b. 他们那个小组被(大家)选为模范小组。
   그들의 모임은 모두에게 모범조로 뽑혔다.
c. 要是你看了这部电影, 你可能被(它)吸引住。
   만약 당신이 이 영화를 보았다면, 당신은 그 것에 매료되었을 것이다.

차이점은 "由"구문은 '행위자'를 강조하며, "被"구문은 주어의 '피동 의미'를 강조하는 구문이라는 점이다. 즉 "由"구문에서는 행위자를 생략할 수 없으나, "被"구문에서는 a-c에서 보듯 행위자를 생략할 수도 있다.

19) 이점에서 이 구문은 목적어를 문두에 위치시켜 화제화한 구문의 일종으로 볼 수 있다.

1.3.4. 구문 연습

1) 다음 예문에서 '행위주체표지'와 '행위자 명사구'에 밑줄을 그으시오.

(1) 行程由我们来定。
(2) 这件事由我们来处理。
(3) 下午的会议由金老师主持。
(4) 树叶形状由自然环境决定。
(5) 2008年奥运会由中国北京承办的。

2) 다음을 '행위주체표시 전치사구문' 의미에 어울리게 해석하시오.

(1) 聚合的地点由老师定。
(2) 今天这顿饭由我买单。
(3) 这场活动由我们策划。
(4) 命运应该由自己掌握。
(5) 宴会费用由我们公司承担。

3) 다음 어휘를 써서 '행위주체표시 전치사구문'으로 작문하시오.

(1) 여권은 여행사에서 처리한다. [由], [办理]
(2) 언제 갈 것인지는 우리가 정한다. [由], [定]
(3) 이 일은 당신이 결정할 수 밖에 없다. [由], [决定]
(4) 이 책은 베이징대학 출판사에서 출판되었다. [由], [出版]
(5) 2010년 G20 정상회의는 한국에서 주최되었다. [G20峰会], [由], [主办]

4) 연습문제 1)-2)의 각 예문을 다음 구문분석표에 적용시켜보자.

S 주어			PP 전치사 표지구			V				O 목적어		부가성분 및 문장부호
행위자			부가성분	由+행위자		부가성분	타동행위 동사	부가성분				
		+			+				+		+	

1.4. 비교객체 표시 전치사구문

1.4.1. 전치사 '比'를 쓰는 차등표시 비교구문

1.4.1.1. 기본구조

	S 주어		PP 전치사 표지구			V 비교결과				O 목적어		부가성분 및 문장부호
	비교주체		부가성분	比+비교객체		부가성분	동사	부가성분				
a	猪肉			比牛肉			便宜					。
b	弟弟	+		比妹妹	+		高	一点儿	+		+	。
c	这次成绩			比上次(∅)			好	多了				。
d	水平			比以前			高	了不少				。
e	你讲			比他讲		更	好					。
f	你们		还有	比这种		再	好的	吗				?
g	今天			比昨天		还	好	吗				?

[∅는 어구의 생략을 표시함]

1.4.1.2. 구문의미와 구조특징

- ◆ 이 구문의미는 '비교주체가 비교객체에 비해 정도가 높음 표시'이다.
- ◆ 비교주체와 비교객체는 사람이나 사물 모두 가능하다.
- ◆ 비교객체는 전치사 '比'에 의해 이끌린다.
- ◆ 술어는 일반적으로 정도성 형용사로 충당된다.
- ◆ '比' 앞뒤의 어구는 구조상 서로 유사하다.
- ◆ b-d처럼 보어를 부가하거나, e-g처럼 정도부사 '更', '还', '再' 등을 부가하여 정도차이를 강조하거나 세밀하게 묘사할 수 있다.
- ◆ 부정사가 올 경우는 '比' 앞에 위치한다.
- ◆ c처럼 비교객체에 비교주체와 동일한 명사구가 있을 경우 생략할 수 있다.

1.4.1.3. 심화 학습

['比' 비교구문의 술어가 동사인 경우]

이 구문에서 술어가 동사인 경우는 의미적으로 '차이'가 남을 표현할 수 있어야 한다. 먼저 예를 보자.

(1) 哥哥比姐姐了解情况。<심리동사>
형님은 누나보다 상황을 잘 이해한다.
(2) 这次参加演出的人数比上次减少了几个。<증감동사>
이 번 공연에 참가한 사람들은 지난번보다 몇 사람이 감소되었다.
(3) 他们比我们有办法。<소유동사>
그들은 우리보다 수단이 더 있다.
(4) 他比我早来五分钟。<早＋일반동사>
그는 나보다 5분 먼저 왔다.
(5) 他比我会唱歌。<비교결과가 동사>
그는 나보다 노래를 잘 한다.
(6) 她比我睡得晚。<비교결과가 정도보어>
그녀는 나보다 늦게 잔다.

이 경우 예(1)-(3)에서 보듯 동사는 '심리', '증감', '소유' 따위를 나타낼 수 있어야 한다. 이 밖의 동사들도 예(4)-(6)처럼 '早/晚, 多/少' 따위의 부사어 수식을 받거나, 술어 뒤에 보어를 가짐으로써 차이를 표시할 수 있는 경우는 술어로 쓰일 수 있다.

1.4.1.4. 구문 연습

1) 다음 예문에서 비교객체표시 전치사와 비교객체 명사구에 밑줄을 그으시오.

(1) 他的头发比我短。
(2) 牛肉比猪肉好吃吗？
(3) 他比我早来五分钟。
(4) 今天的晚餐比昨天更丰盛。
(5) 这次汉语水平考试比上次难多了。

2) 다음을 ‘차등 비교구문’ 의미에 어울리게 해석하시오.

(1) 我哥比你帅多了。
(2) 我以前没比她高。
(3) 他考试的成绩一次比一次好。
(4) 小王比中学漂亮了不少。
(5) 他的儿子比我的(儿子)大两岁。

3) 다음 어구들을 이용하여 ‘比’를 쓰는 ‘차등 표시 전치사구문’으로 작문하시오.

(1) 오늘은 어제보다 더 덥지 않다. [不比], [更热]
(2) 누나는 형보다 조금 위이다. [比], [大一点儿]
(3) 나는 그보다 한국에 3년 먼저 왔다. [比], [早来]
(4) 너는 나보다 나이가 많으나, 그보다는 어리다. [比], [大], [小]
(5) 우리가 배운 단어는 나날이 많아졌다. [一天比一天]

4) 연습문제 1)-2)의 각 예문을 다음 구문분석표에 적용시켜보자.

S 주어		+	PP 전치사 표지구		+	V 비교결과			+	O 목적어	+	부가성분 및 문장부호
비교주체			부가성분	比+비교객체		부가성분	동사	부가성분				

1.4.2. 전치사 '跟'을 쓰는 동등표시 비교구문

1.4.2.1. 기본구조

S 주어			PP 전치사 표지구			V 비교결과				O 목적어		부가성분 및 문장부호
비교주체			부가성분	跟(/和)+비교객체		부가성분	동사	부가성분				
a	猪肉			跟牛肉			一样	便宜				。
b	他说得	+		跟你(说得)	+		一样	快	+		+	。
c	你讲			跟他讲			差不多					。
d	小李			跟爸爸			差不多	高				吗?
e	我的看法			跟他的看法		不	一样					。
f	我的看法			跟他的看法		不	同					。

1.4.2.2. 구문의미와 구조특징

- ◆ 이 구문의미는 '비교주체와 비교객체 사이의 정도가 같거나 차이가 크지 않음'이다.
- ◆ 전치사 '跟/和'은 비교객체를 이끈다.
- ◆ 이 구문에서 자주 사용되는 술어는 '一样, 差不多, 相同' 등이다.
- ◆ b처럼 비교객체 뒤의 동일어구는 생략할 수 있다.
- ◆ 부정법은 '不一样', '不同'을 쓴다.[20]

1.4.2.3. 심화 학습

1) 술어 '一样'의 기능

이 구조의 술어는 '一样'이 상용된다. '一样'이 여러 문장성분으로 충당되는 기능에 대해 알아보자.

(1) 他去跟你去一样。<술어> 그가 가나 네가 가나 똑같다.
(2) 她跟我一样喜欢听音乐。<부사어> 그녀는 나처럼 음악 듣기를 좋아한다.
(3) 我想买一件跟这件一样的上衣。<관형어> 나는 이것과 같은 상의를 사고 싶다.

2) '比'와 '跟'을 사용하는 비교문의 비교

'跟' 비교문은 비교대상 간에 '서로 동일한지의 여부', '比' 비교문은 비교대상 간에 '구체적인 차이가 있는지의 여부'를 각각 중시하는 표현이다.

(1) a. 这枝钢笔跟那枝一样。이 만년필과 그 만년필은 같다.
  a'. 这枝钢笔跟那枝不一样。이 만년필과 그 만년필은 같지 않다.
(2) b. 这枝钢笔比那枝好。이 만년필은 그 만년필보다 좋다.
  b'. 这枝钢笔不比那枝好。이 만년필은 그 만년필만 못하다.

---

20) 이들은 거의 어휘화되었다고 할 수 있으나, 아직은 사전에서 어휘로 등재되지는 않았다.

1.4.2.4. 구문 연습

1) 괄호 안에 '동등 비교객체'를 표시하는 전치사와 그 명사구 넣어 완성하시오.

(1) 我[ ]一样高。나는 이군처럼 키가 크다.

(2) 这个湖[ ]一样深。이 호수는 그 호수와 마찬가지로 깊다.

(3) 你的[ ]差不多吗? 당신의 것은 이것과 비슷합니까?

(4) 我要买一本[ ]一样的词典。나는 그가 산 그 사전과 같은 사전 한 권을 사려한다.

(5) 我[ ]一样想去北京留学。나는 그들과 마찬가지로 베이징에 가서 유학하고 싶다.

2) 다음을 '동등 표시 전치사구문' 의미에 어울리게 해석하시오.

(1) 这儿跟北京的琉璃厂差不多。

(2) 他的看法跟你的看法不一样。

(3) 他的水平跟以前差不多。

(4) 这次成绩跟上次一样好。

(5) 王老师说的跟我想的差不多。

3) 다음 어구들을 이용하여 '동등 표시 전치사구문'으로 작문하시오.

(1) 나는 이군처럼 키가 크다. [跟], [一样]

(2) 그가 뛰는 속도는 너와 같이 빠르다. [跟], [一样]

(3) 북경의 날씨는 서울과 비슷하다. [跟], [差不多]

(4) 그의 취미와 나의 취미는 비슷하다. [跟], [差不多]

(5) 아버지의 사랑은 어머니의 사랑과 똑같이 위대하다. [跟], [一样]

4) 연습문제 1)-2)의 각 예문을 다음 구문분석표에 적용시켜보자.

S 주어		+	PP 전치사 표지 구		+	V 비교결과			+	O 목적어	+	부가성분 및 문장부호
비교주체			부가성분	跟(/和)+ 비교객체		부가성분	동사	부가성분				

1.4.3. '像'을 쓰는 '닮음 관계' 표시 비교구문

1.4.3.1. 기본구조

	S 주어		PP 전치사 표지 구			V 비교결과				O 목적어		부가성분 및 문장부호
	비교주체		부가성분	像+비교객체		부가성분	동사	부가성분				
a	他	+			+	很	像		+	他爸爸	+	。
b	他			像他爸爸		这么	勇敢					。
c	滑冰			像游泳		那么	有意思					。
d	他的衣服			像我的(衣服)		这样	好看					。
e	今天		不	像昨天		那么	热					。

1.4.3.2. 구문의미와 구조특징

◆ 이 구문의미는 '비교주체와 비교객체 사이에 닮음관계가 있음'이다.

◆ '像'은 비교객체를 이끈다.

◆ a에서의 '像'은 동사이고, b-e의 '像'은 전치사이다.

◆ d처럼 비교객체 뒤의 동일명사구는 생략할 수 있다.

◆ 부가어 '这么/那么' 등은 '정도'를 표시한다

1.4.3.3. 심화 학습

[각 비교문의 비교]

첫째, '没有'를 쓰는 비교문과 '比'를 쓰는 비교문은 '차등'의 의미를 표현하므로 서로 바꾸어 표현될 수 있으나, 의미상 비교주체와 비교객체의 순서는 서로 다르다.

(1) a. 我没有他细心。나는 그만큼 세심하지 못하다.
  a'. 他比我细心。 그는 나보다 세심하다.
(2) a. 这种面粉没有那种白。이 밀가루는 그 밀가루만큼 희지 않다.
  a'. 那种面粉比这种白。 그 밀가루는 이것보다 희다.

둘째, '没有' 비교문과 '跟' 비교문 및 '像' 비교문의 차이는 비교대상 간의 '강조내용의 차이'에 있다. 다음 예문에서 확인해보자.

(3) 他有他哥哥那么热情。<정도의 도달 여부>
  그는 그의 형만큼 그렇게 열정적이다.
(4) 他跟他哥哥一样热情。<동일성 여부>
  그는 그의 형과 똑같이 열정적이다.
(5) 他像他哥哥那样热情。<유사성 여부>
  그는 그의 형처럼 열정적이다.

1.4.3.4. 구문 연습

1) 다음 예문에서 '닮음관계'를 표시하는 말과 그 대상 명사구에 밑줄을 그으시오.

(1) 他像他爸爸。

(2) 他不像他哥哥那么细心。

(3) 小李像电影明星那么漂亮。

2) 다음을 해석하시오.

(1) 小李非常像记者。

(2) 他不像他哥哥那么勤奋。

(3) 我们的邂逅像童话故事那样浪漫。

3) 주어진 어구들을 써서 '像'을 쓰는 비교구문으로 작문하시오.

(1) 그는 아주 배우 같다. [像]

(2) 그는 영웅처럼 그렇게 용감하다. [像], [一样]

(3) 그의 성질은 당신처럼 그렇게 좋지 않다. [像], [那么]

4) 연습문제 1)-3)의 각 예문을 다음 구문분석표에 적용시켜보자.

S 주어		PP 전치사 표지 구			V 비교결과				O 목적어		부가성분 및 문장부호
비교주체		부가성분	像+비교객체		부가성분	동사	부가성분				
	+			+				+		+	

[참고] 동사 '(没)有'를 쓰는 비교구문

1. 기본구조

S			V				O		부가성분 및 문장부호
비교주체			부가성분	동사	부가성분		비교내용		
a	猪肉	+		没有		+	牛肉便宜	+	。
b	弟弟			没有			妹妹高		。
c	这次成绩			没有			上次这么好		。
d	他说得			没有			你(说得)这么快		。

2. 구문의미와 구조특징

◆ 이 구문의미는 '비교주체와 비교객체 사이에 유사한 수준에 이르지 못함'이다.

◆ 이 구문은 동사 '(没)有'를 사용하며, 이 '(没)有'는 비교내용을 목적어로 가진다.

◆ d처럼 동일 어구는 생략할 수 있다.

◆ '这么/那么' 등은 '정도'를 표시한다.

◆ 목적어 속의 형용사는 '비교 내용'이다.

3. 구문 연습

1) 다음 예문에서 '비교객체'에 밑줄치시오.

(1) 他没有你厉害。

(2) 他的汉语没有你那么标准。

(3) 他做的没有说的那么好。

2) 다음을 해석하시오.

(1) 釜山的冬天没有首尔那么冷。

(2) 那只猫没有这只这么会捉老鼠。

(3) 他的样子没有以前那么精神。

3) 다음 어구를 써서 '没有'를 쓰는 비교구문으로 작문하시오.

(1) 이 방은 그 방만큼 크지 않다. [没有], [那么] [大]

(2) 이 컴퓨터는 그 컴퓨터만큼 좋지 않다. [没有], [好]

(3) 나는 그녀처럼 그렇게 융통성이 있지 못하다. [没有], [那么], [灵活]

[참고] 동사 '不如'를 쓰는 비교구문

1. 기본구조

S			V				O		부가성분 및 문장부호
비교주체			부가성분	동사	부가성분		비교내용		
a	猪肉	+		不如		+	牛肉	+	。
b	我			不如			他		。
c	弟弟			不如			妹妹那么高		。
d	这次成绩			不如			上次这么好		。
e	他说得			不如			你(说得)这么快		。

2. 구문의미와 구조특징

◆ 이 구문의미는 '비교주체인 주어가 비교객체인 목적어에 미치지 못함'이다.

◆ 이 구문은 동사 '不如'를 사용한다.

◆ 이 구문은 '(没)有' 비교구문과 유사하여, a-b를 제외한 예에서 '不如'를 '(没)有'로 대체할 수 있다.

◆ e처럼 동일 어구는 생략할 수 있다.

◆ '这么/那么' 등은 '정도'를 표시한다.

◆ 이 구문은 부정형식만 존재한다.

3. 구문 연습

1) 다음 예문에서 비교객체에 밑줄을 그으시오.

(1) 这个湖不如那个湖那么深。

(2) 我念得不如他流利。

(3) 语文成绩不如数学那么好。

2) 다음을 해석하시오.

(1) 你来不如我去。

(2) 小李不如弟弟能干。

(3) 晚睡晚起不如早睡早起好。

3) 주어진 어구를 사용하여 다음을 '不如'를 쓰는 비교구문으로 작문하시오.

(1) 나는 그만 못하다.

(2) 너의 견해는 그의 견해만 못하다. [看法], [不如]

(3) 나의 영어 발음은 너처럼 그렇게 표준적이지 못하다. [不如], [那么], [标准]

1.5. '공동/협동' 대상 표시 전치사구문

1.5.1 기본구조

	S 주어		PP 전치사 표지 구			V 타동행위				O 목적어		부가성분 및 문장부호
	행위자		부가성분	跟/与/同/和+공동행위자		부가성분	동사	부가성분				
a	明国	+		跟小平	+		见面		+		+	。
b	主人		经常	跟客人		一起	聊天儿					。
c	女人做的事			和男人做的事		都	分	得很清楚				。
d	你			跟老师			说			一声		吧。
e	那家公司			同中国			有			商业往来		。

1.5.2. 구문의미와 구조특징

◆ 이 구문의미는 '주어가 "跟/与/同/和"에 의해 이끌리는 대상과 어떤 행위를 함께 함'이다.

◆ 전치사는 '跟/与/同/和' 등을 쓴다.

◆ 끊어 읽기의 위치는 주어와 전치사표지 사이이다.

1.5.3. 심화 학습

이 [주어+(跟/与/同/和+명사구)+술어] 구조에서 '跟/与/同/和' 등은 접속사와 "겸류현상"을 보인다. 따라서 다음과 같은 점에 주의해야 한다.

(1) 我 ‖ 和他一起去看电影。나는 그와 함께 영화를 보러 간다.
(2) 我和他 ‖ 一起去看电影。나와 그는 함께 영화를 보러 간다.

즉 전치사인가 접속사인가에 따라 행위의 주동자가 달라진다. 다음 표를 통해 접속사와 전치사 구문의 차이를 보자.

〈접속사와 전치사의 문법기능 비교표〉

문법 기능		접속사	전치사
수식기능차이	일반부사	불가	가능 小李刚跟小王打了电话。
	부정부사	불가	가능 小李不跟小王打电话。
앞뒤 단어와의 의미관계		대등성분 小李跟小王打了电话。	대등성분이 아님
병렬표시 문장부호로 대체가능 여부		가능 小王、小李在通电话。	불가

1.5.4. 구문 연습

1) 다음 예에서 '공동/협동' 대상을 표시하는 전치사구에 밑줄을 그으시오.

(1) 他每天和女朋友打电话。

(2) 明天我要和他一起去长城。

(3) 我和老师商量了一些问题。

(4) 他与父亲相见已经两年了。

(5) 小王正在和刘老师讨论问题。

2) 다음을 '공동/협동' 대상 표시 전치사구문 의미에 어울리게 해석하시오.

(1) 小李昨天跟小平见面。

(2) 主人经常跟客人一起聊天儿。

(3) 那家公司同中国有商业往来。

(4) 女人做的事和男人做的事都分得很清楚吗?

(5) 妈妈拿我的成绩跟邻居家孩子的成绩比较。

3) 주어진 어구를 써서 다음을 '공동/협동' 대상 표시 전치사구문으로 작문하시오.

(1) 나는 이미 그에게 잘 말해두었다. [跟], [说好]

(2) 나는 자주 그와 함께 식사한다. [跟], [吃饭]

(3) 그는 샤오리의 여동생과 사귄다. [和], [谈恋爱]

(4) 그 학생의 답안은 정확한 답에 가깝다. [跟], [接近]

(5) 금전도 명예도 사랑에 비교할 만한 것은 못 된다. [跟], [爱情], [比较]

4) 연습문제 1)-2)의 각 예문을 다음 구문분석표에 적용시켜보자.

S 주어		PP 전치사 표지 구			V				O 목적어		부가성분 및 문장부호
행위자		부가성분	跟/与/同/和 +공동행위자		부가성분	타동행위 동사	부가성분				
	+			+				+		+	

1.6. 시간표시 전치사구문

'시간과 장소'는 인간이 활동하는 영역으로 인간의 삶과 밀접한 관계를 가지므로 다양한 인지 영역이 존재한다. 따라서 그 표현법이 매우 다양하다. 이에 대해 자세하게 분류하여 살펴보도록 하자.

1.6.1. 시점표시 구문

1.6.1.1. 기본구조

S 주어			PP 전치사 표지 구			부가성분	V 타동행위	부가성분		O 목적어		부가성분 및 문장부호
행위주체/진술대상			부가성분	在+시간			동사					
a	我们	+		在明天	+		买		+	东西	+	吧。
b	我们			在什么时候			见面					。
c	火车			在两点钟			通过			这座桥		。
d	我们			在什么时候			见					?
e	我		是	在你走了以后		才	去			那儿		的。

1.6.1.2. 구문의미와 구조특징

- ◆ 이 구문의미는 '주어가 "在"에 의해 이끌리는 시점에서 어떤 행위를 함'이다.
- ◆ 전치사는 "在"를 쓴다.
- ◆ 주어는 c처럼 [-유생]의 진술대상으로 충당될 수도 있다.
- ◆ e의 '是…的'은 강조를 나타내는 부가성분이다.

1.6.1.3. 심화 학습

시간명사구를 이끄는 전치사 '在'는 문장 가운데서 생략되는 경우가 많다.

(1) 我们(在)十年后在这里见面吧。우리 10년 후(에) 여기에서 다시 만나자.
(2) 我(在)早上运动。나는 아침에 운동을 한다.
(3) (*在)12月我要去中国。12월에 중국에 간다.
(4) (*在)我不在的时候过得好吗? 내가 없는 동안(에) 잘 지냈니?
(5) (*在)周末去爬山, 好不好? 주말에 등산이나 갈까요?

('*'는 비문부호임)

특히 (3)-(5)처럼 시간명사가 문두에 위치하는 경우는 전치사 "在"를 쓰지 않는다.

1.6.1.4. 구문 연습

1) 다음 예문에서 '시점'을 표시하는 전치사구에 밑줄을 그으시오.

(1) 会议将在明天召开。

(2) 面包在昨天买好了。

(3) 你们在什么时候去中国？

(4) 我打算在生日那天去旅游。

(5) 我在生病的时候特别想你。

2) '시점' 표시 전치사구에 주의하여 다음을 해석하시오.

(1) 文件在什么时候送来？

(2) 我们约在 5 点半见面

(3) 妈妈在厨房时爱唠叨。

(4) 我们在放假之后出国旅行了。

(5) 他俩是在韩国留学的时候认识的。

3) 주어진 어구를 써서 '시점 표시 전치사구문'으로 작문하시오.

(1) 그들은 모레 겨우 도착할 수 있다. [后天], [才]

(2) 샤오리의 아들은 작년에 출생했다. [去年], [出生]

(3) 나는 당신이 오기 전에 숙제를 다 했다. [你来之前], [写完], [课外练习]

(4) 그는 지진 때 한 쪽 다리를 잃었다. [地震的时候], [失去], [一条腿]

(5) 여동생은 중학교 2학년 그때 같은 반의 멋쟁이에게 반했었다.
[初中二年级的那一年], [迷上], [班级里的帅哥]

4) 연습문제 1)-2)의 각 예문을 다음 구문분석표에 적용시켜보자.

S 주어		PP 전치사 표지 구			부가 성분	V 타동행위	부가 성분		O 목적어		부가성분 및 문장부호
행위/진술 대상		부가 성분	在+시간			동사					
	+			+				+		+	

1.6.2. 기점표시 구문

1.6.2.1. 기본구조

	S		PP 전치사 표지 구			V			O		부가성분 및 문장부호
	행위자		부가성분	从+시간		부가성분	타동행위 동사	부가성분	목적어		
a	暑假	+		从七月一号	+		开始			+	吧。
b	他们			从前天		开始	戒		烟		了。
c	我们			从今天			买		东西		吧。
d	这雨			从昨天晚上		一直	下	到	现在		。
e	我			从去年			留		长发		。

1.6.2.2. 구문의미와 구조특징

◆ 이 구문의미는 '주어가 "从"에 의해 이끌리는 시간으로부터 어떤 행위를 (개시)함'이다.

◆ 전치사는 '从'을 쓴다.

◆ 주어는 a, e처럼 [-유생]의 진술대상으로 충당될 수도 있다.

◆ d의 '到'는 동사 '下'의 부가어(보어)로, 시간의 종점을 이끄는 기능을 가진다.

1.6.2.3. 심화 학습

시간표현은 이상에서 살펴본 '시점', '기점' 뿐만 아니라 또 다른 양상으로 나타날 수 있다.

(1) 新建的礼堂到年底可以竣工。
새로 짓는 강당은 연말에 준공할 수 있다.

(2) 当我们回家的时候，他已经睡觉了。
우리가 집에 돌아왔을 때, 그는 이미 잠들었다.

(3) 离出发时间不到五分钟了。
출발할 시간까지는 5분도 남지 않았다.

즉 시간의 '도달점'(1), '진행점'(2), '간격'(3) 등을 나타낼 수도 있다.

1.6.2.4. 구문 연습

1) 다음 예문에서 시간의 ‘기점’을 표시하는 전치사구에 밑줄을 그으시오.

(1) 我从小喜欢音乐。

(2) 他从今天开始准备期末考试。

(3) 我们打算从下学期开始学习古汉语。

(4) 我们学校从周三休息到下周一。

(5) 小王从刚生下来的时候脸上就有一颗痣。

2) 시간의 ‘기점’을 표시하는 전치사구에 주의하여 다음을 해석하시오.

(1) 雪从昨晚就开始下了。

(2) 我们从今天开始减肥吧。

(3) 这个政策从今年 1 月开始实施。

(4) 他从一个小时之前开始哭到现在。

(5) 这场暴雨从昨天开始一直下了两天了。

3) 주어진 어구를 써서 시간의 ‘기점 표시 전치사구문’으로 작문하시오.

(1) 올해 겨울방학은 12월 20일에 시작합니다. [寒假], [开始]

(2) 너희 둘은 언제부터 사귀기 시작했니? [开始交往]

(3) 날씨는 어제부터 갑자기 따뜻해지기 시작했다. [开始变暖]

(4) 회의는 월요일에서 수요일로 바뀌었다. [改成]

(5) 황사는 정오부터 어둑어둑할 때까지 줄곧 계속되었다. [沙尘暴], [一直], [持续到傍晚]

4) 연습문제 1)-2)의 각 예문을 다음 구문분석표에 적용시켜보자.

S		PP 전치사 표지 구			부가성분	V 타동행위	부가성분		O		부가성분 및 문장부호
(행위자)		부가성분	从+시간			동사			목적어		
	+			+				+		+	

1.7. 장소표시 전치사구문

전치사에 이끌리는 장소명사구는 '지점', '기점', '방향', '통과 장소', '근접 장소', '이탈 장소' 및 '추상장소' 등등 매우 다양한 의미를 나타낼 수 있다.

1.7.1. 지점표시 구문

1.7.1.1. 기본구조

	S 주어		PP 전치사 표지 구			V 타동 행위			O 목적어		부가성분 및 문장부호
	행위자		부가 성분	在+장소	부가 성분	동사	부가 성분				
a	他们	+		在中央公园	+	聊天		+		+	。
b	我们		上午十点	在招待所门口		见面					。
c	韩国女队			在上次比赛中		得过			第一		嘛！
d	他们			在中学教育的基础上	还要	进行			两年专业培训		。
e	我们		什么时候	在哪儿		见					?

1.7.1.2. 구문의미와 구조특징

- 이 구문의미는 '주어가 "在"에 의해 이끌리는 장소에서 어떤 행위를 함'이다.
- 주어는 행위자이다.
- '在'는 '지점'으로서의 장소를 이끈다.
- c-d처럼 '在'가 이끄는 명사구가 '장소성'이 부족하면 '명사구+上/下/中/里' 등과 같이 방위명사를 추가한 구조로 표현한다.

1.7.1.3. 심화 학습

'在'에 의해 이끌리는 '장소' 표시 명사구는 매우 다양하다.

(1) 他在咖啡里加糖。
그는 커피에 설탕을 탄다.

(2) 你们在这么热的天气下, 怎么过的?
너희들은 이 무더위에 어떻게 지내니?

(3) 他在大家的帮助下, 把落水儿童救上了岸。
그는 여러 사람들의 도움 하에 물에 빠진 아이를 강기슭으로 구해냈다.

즉 사물의 '추가대상', '조건'이나 '환경' 등을 나타내기도 하는데, 이때는 특히 '장소성'이 부족하므로, '명사구+上/下/中/里' 등과 같은 구조로 표현한다.

1.7.1.4. 구문 연습

1) 다음 예문에서 ‘지점’을 표시하는 전치사구에 밑줄을 그으시오.

(1) 妈妈在厨房做饭。

(2) 2008年奥运会在北京举行。

(3) 我们在那个地铁站前面集合。

(4) 小李在回家的路上碰见了小刘。

(5) 他在遥远的地方等待你的归还。

2) 지점 표시 전치사구에 주의하여 다음을 해석하시오.

(1) 他们在操场跑步。

(2) 我的大学生活在中国度过。

(3) 我们决定在学校门口碰头。

(4) 在我们国家的俗语中说“知人知面不知心”。

(5) 小李和我们在韩国照的一张照片也在墙上挂着。

3) 주어진 어구를 써서 ‘지점 표시 전치사구문’으로 작문하시오.

(1) 그는 체육관에서 수영을 배운다. [体育馆], [学游泳]

(2) 그들은 제주도에서 신혼여행을 보냈다. [济州岛], [度蜜月]

(3) 샤오리는 학교 도서관에서 책을 본다. [图书馆], [看书]

(4) 우리 학교 식당에서 식사합시다. [食堂], [吃饭]

(5) 샤오리는 등교하는 길에 샤오류를 만났다. [上学的路上], [碰见了小刘]

4) 연습문제 1)-2)의 각 예문을 다음 구문분석표에 적용시켜보자.

S 주어		PP 전치사 표지 구			V				O 목적어		부가성분 및 문장부호
행위자		부가 성분	在+장소		부가 성분	타동 행위 동사	부가 성분				
	+			+				+		+	

1.7.2. 기점표시 구문

1.7.2.1. 기본구조

	S 주어		PP 전치사 표지 구			부가성분	V 타동행위	부가성분		O 목적어		부가성분 및 문장부호
	행위자		부가성분	从/由2+장소			동사					
a	他	+		从北京	+		回来		+		+	。
b	他			从青岛			飞	到		北京		。
c	她			从网上			买			东西		。
d	我			由山东			到			广东		
e	他们			由天安门			到			琉璃厂		。

1.7.2.2. 구문의미와 구조특징

- 이 구문의미는 '주어가 "从/由2" 등에 의해 이끌리는 기점 장소로부터 어떤 행위를 함' 이다.
- 주어는 행위자이다.
- '从/由2'는 '기점'으로서의 장소를 이끌어 들인다.

1.7.2.3. 구문 연습

1) 다음 예문에서 장소 '기점'을 표시하는 전치사구에 밑줄을 그으시오.

(1) 佛教从印度传到中国。

(2) 从我家到学校要十分钟。

(3) 这趟列车由北京开往到上海。

(4) 我们由仁川机场转机去欧洲。

(5) 我经常从因特网得到很多信息。

2) 기점 표시 전치사구에 주의하여 다음을 해석하시오.

(1) 我经常从小路回家。

(2) 妈妈从厨房端菜过来了。

(3) 我常常从书本中悟出许多道理。

(4) 他从这次事件当中得到了很大的教训。

(5) 我们上午10点从首尔出发，经过两个小时的飞行，就到了北京。

3) 주어진 어구를 써서 '기점 표시 전치사구문'으로 작문하시오.

(1) 그들은 집에서 출발한다. [家里], [出发]

(2) 우리들은 10층에서 20층까지 (걸어서)올라갔다. [层], [爬上]

(3) 나는 도서관에서 많은 책을 빌렸다. [借到]

(4) 그들은 부산에서 와서 결혼식에 참석한다. [釜山], [过来], [婚礼]

(5) 이 김치는 한국에서 중국으로 수입한 것이다. [泡菜], [进口], [到]

4) 연습문제 1)-2)의 각 예문을 다음 구문분석표에 적용시켜보자.

S 주어		PP 전치사 표지 구			V 타동행위				O 목적어		부가성분 및 문장부호
행위자		부가 성분	从/由$_2$+장소		부가 성분	동사	부가 성분				
	+			+				+		+	

1.7.3. 방향표시 구문

1.7.3.1. 기본구조

	S 주어		PP 전치사 표지 구				V 타동 행위			O 목적어		부가성분 및 문장부호
	행위자		부가 성분	向/往/朝+ 방향대상		부가 성분	동사	부가 성분				
a	他们	+		向西直门方向	+		骑	去	+		+	。
b	孩子们			向爸爸			要	了		零钱		。
c	他		早上	往车站			跑	了				。
d	我们			往南方			走	了很长时间				。
e	大门			朝南			开					。
f	他们			朝我			挥手					。

1.7.3.2. 구문의미와 구조특징

- 이 구문의미는 '주어가 "向/往/朝" 등에 의해 이끌리는 장소로 향함'이다.
- 주어는 행위자이다.
- 전치사는 '向/往/朝' 등을 쓴다.

1.7.3.3. 심화 학습

전치사 '向/往/朝' 등은 모두 장소를 나타내는 명사구를 이끈다. 특히 '向'은 추상적인 방향, 기관이나 사람 등 다양한 대상을 나타낼 수 있다.

(1) 他们向现代化的目标前进。
그들은 현대화의 목표를 향해 전진한다.

(2) 他向政府要求赔偿。
그는 정부를 향해 손해배상을 요구한다.

(3) 我们向他学习吧。
우리 그에게서 배웁시다.

1.7.3.4. 구문 연습

1) 다음 예문에서 '방향'을 표시하는 전치사구에 밑줄을 그으시오.

(1) 他向我点头微笑。
(2) 我们要多向他学习。
(3) 汽车往北开过去了。
(4) 去友谊商场往哪儿走好？
(5) 他们朝我们挥了挥手。

2) 방향 표시 전치사구에 주의하여 다음을 해석하시오.

(1) 他向我表白了。
(2) 他向很多大学投去了志愿书。
(3) 你先往左拐，再往右拐。
(4) 他往400米接力赛的终点冲去。
(5) 他们朝我挥手很长时间了。그들은 나를 향해 한참동안 손을 흔들었다.

3) 주어진 어구를 써서 '방향 표시 전치사구문'으로 작문하시오.

(1) 우리는 21세기를 향해 전진한다. [前进]
(2) 나는 우선 뒤로 한 걸음 물러섰다. [退了一步]
(3) 나는 한 모르는 사람을 향해 인사를 건넸다. [一个不认识的人]，[打招呼]
(4) 당신이 죽 앞으로 가시면 베이징대학에 도착합니다. [一直], [走], [就到]
(5) 그들은 나를 향해 손을 흔들었고, 나는 그들을 향해 고개를 끄떡였다. [挥手]，[点头]

4) 연습문제 1)-2)의 각 예문을 다음 구문분석표에 적용시켜보자.

S 주어 / 행위자		PP 전치사 표지 구: 부가성분	PP 전치사 표지 구: 向/往/朝+ 방향대상		부가성분	V 타동 행위 / 동사	부가성분		O 목적어		부가성분 및 문장부호
	+			+				+		+	

1.7.4. 통과장소 표시 구문

1.7.4.1. 기본구조

S 주어			PP 전치사 표지 구				V 타동행위			O 목적어		부가성분 및 문장부호
행위자			부가성분	沿着/由3+통과장소		부가성분	동사	부가성분				
a	他们	+		沿着375路	+	向故宫	骑	去	+		+	。
b	我们			沿着胡同			走	了一个小时				。
c	我们			由正门			出入					。
d	主席团			由南门			入场					。

1.7.4.2. 구문의미와 구조특징

- 이 구문의미는 '주어가 "沿着/由3" 등에 의해 이끌리는 장소를 통과함'이다.
- 주어는 행위자이다.
- 전치사는 '沿着/由3' 등을 쓴다.

1.7.4.3. 구문 연습

1) 다음 예문에서 '통과 장소'를 표시하는 전치사구에 밑줄을 그으시오.

(1) 他们沿着海边走着。

(2) 你沿着马路往前走吧。

(3) 你沿着红色的标志牌前进。

(4) 我沿着路灯一个人走回家。

(5) 他们由长安街来到了南京路。

2) 통과 장소 표시 전치사구에 주의하여 다음을 해석하시오.

(1) 我们沿着湖边散步。

(2) 他们沿着马路找到了吃饭的地方。

(3) 警察沿着线索向可疑点追查。

(4) 同学们由前边的楼梯上去吧。

(5)小李沿着来时的路寻找丢失的钱包。

3) 주어진 어구를 써서 '통과 장소 표시 전치사구문'으로 작문하시오.

(1) 우리 이 길을 따라 차를 몹시다. [这条路], [开车]

(2) 우리 그늘진 오솔길을 따라 산보합시다. [林荫小道], [散步]

(3) 나는 그의 발자국을 따라 천천히 앞을 향해 걷는다. [他的足迹], [向前走]

(4) 결론은 토론을 통해서 얻어진다. [讨论], [得出]

(5) 우리는 뒷문을 통해 교실을 빠져나갔다. [后门], [离开]

4) 연습문제 1)-2)의 각 예문을 다음 구문분석표에 적용시켜보자.

S 주어		PP 전치사 표지 구			부가 성분	V 타동행위	부가 성분		O 목적어		부가성분 및 문장부호
행위자		부가 성분	沿着/由3+ 통과장소			동사					
	+			+				+		+	

1.7.5. 이탈장소 표시 구문

1.7.5.1. 기본구조

S 주어			PP 전치사 표지 구			V				O		부가성분 및 문장부호
진술 대상자			부가 성분	离+이탈장소		부가 성분	타동행위 동사	부가 성분		목적어		
a	北京饭店	+		离机场	+		远		+		+	吗?
b	我家			离学校		不太	远					。
c	明洞			离首尔站		很	近					。
d	地铁站			离我校			有			两百米左右		。
e	他			离毕业		还	有			两年		。
f	他家			离我家		只	要			五分钟		。

1.7.5.2. 구문의미와 구조특징

- 이 구문의미는 '주어가 "离"에 의해 이끌리는 대상/장소에서 (멀거나 가까운) 거리가 있음'이다.
- 주어는 진술의 대상이다.
- 전치사는 '离'를 쓴다.
- 술어는 거리를 의미하는 형용사가 주로 쓰이지만, d-f처럼 상당히 허화된 의미의 '有'나 '要'도 쓰일 수 있다.

1.7.5.3. 심화 학습

'离'는 동사와 전치사의 성질을 을 겸하여 가지는 단어(겸류사)이다. 다음 예는 '离'가 동사로 쓰이는 경우이다.

(1) 他离家已经两年了。
그는 집을 떠난지 이미 2년이 되었다.

(2) 两个地方离得不远。
두 지역은 멀리 떨어지지 않았다.

(3) 工业发展离不了钢铁。
공업의 발전은 강철을 떠날 수 없다.

1.7.5.4. 구문 연습

1) 다음 예에서 ‘이탈 장소’를 표시하는 전치사구에 밑줄을 그으시오.

(1) 你家离超市远吗？
(2) 山东离韩国很近。
(3) 图书馆离学生食堂很近。
(4) 离你生日还有多长时间？

2) ‘이탈 장소’ 표시 전치사구에 주의하여 다음을 해석하시오.

(1) 我家离他家很近。
(2) 我们这儿离火车站不太远。
(3) 青藏高原离东北很远。
(4) 我家离他家有一公里的距离。

3) 주어진 어구를 써서 ‘이탈 장소 표시 전치사구문’으로 작문하시오.

(1) 너의 집은 학교에서 얼마나 머니? [多远]
(2) 우리 집은 지하철역에서 아주 가깝다. [地铁站]
(3) 여기는 버스정거장에서 그다지 멀지 않다. [车站], [不太远]
(4) 부산은 서울에서 얼마나 머니? [釜山], [首尔]

4) 연습문제 1)-2)의 각 예문을 다음 구문분석표에 적용시켜보자.

S 주어		PP 전치사 표지 구			부가 성분	V 타동행위	부가 성분		O 목적어		부가성분 및 문장부호
진술 대상자		부가 성분	離+이탈장소			동사					
	+			+				+		+	

1.8. 원인표시 전치사구문

1.8.1. 기본구조

	S 주어		PP 전치사 표지 구			부가 성분	V 타동행위	부가 성분		O 목적어		부가성분 및 문장부호
	행위자		부가 성분	**因(为)/由(于)4/为1+원인대상**			동사					
a	他	+	也	因病	+	没有	上班		+		+	。
b	妈妈			因感动		而	流			泪		了。
c	我			为儿子的成功		很	高兴					。
d	他们			为这件事			兴奋					。
e	他			由于感冒			引起	了		肺炎		。

1.8.2. 구문의미와 구조특징

- 이 구문의미는 '"因(为)/由(于)4/为1" 등에 의해 이끌리는 대상이 주어 행위의 원인이 됨' 이다.
- 주어는 행위자이다.
- 전치사는 '因/由/为' 등을 쓴다.

1.8.3. 구문 연습

1) 다음 예에서 행위의 원인을 표시하는 전치사구에 밑줄을 그으시오.

(1) 我因晚睡迟到了。

(2) 老板因出差不能来。

(3) 大家都为这件事高兴。

(4) 小李因故常年呆在家里。

(5) 他因考试没考好被妈妈教训了。

2) 원인표시 전치사구에 주의하여 다음을 해석하시오.

(1) 我因面试不能上课。

(2) 她们为偶像而疯狂。

(3) 他因迟到被老师罚站。

(4) 他因伤缺席了本次比赛。

(5) 我因为要去面试没能赶回学校上课。

3) 주어진 어구를 써서 '원인표시 전치사구문'으로 작문하시오.

(1) 그는 교통사고로 입원하였다. [车祸], [住院]

(2) 그는 병으로 선생님에게 조퇴를 신청했다. [向老师], [请假]

(3) 당신은 작은 일에 너무 마음 상하지 마세요. [别], [小事], [伤心情]

(4) 이번 회의는 폭우 때문에 취소되었다. [暴雨], [取消]

(5) 그들은 서로 믿지 못하여 헤어졌다. [相互不信任], [而], [分手]

4) 연습문제 1)–2)의 각 예문을 다음 구문분석표에 적용시켜보자.

S 주어 행위자		PP 전치사 표지 구 부가성분	PP 전치사 표지 구 因(为)/由(于)4/为1+원인대상		부가성분	V 타동행위 동사	부가성분		O 목적어		부가성분 및 문장부호
	+			+				+		+	

1.9. 목적표시 전치사구문

1.9.1. 기본구조

S 주어			PP 전치사 표지 구				V			O		
행위/진술대상자		부가성분	为1(了)+목적대상		부가성분	타동행위 동사	부가성분		목적어		부가성분 및 문장부호
a	我们			为友谊			干杯					!
b	我们	+		为共同目标	+	而	奋斗		+		+	。
c	我们		一起	为韩国队			加油					。
d	他			为心爱的女人			付出	了		一切		
e	他			为了解决这个问题			牺牲了			一切		。
f	他们			为赚钱		而	不顾			身体健康		。

1.9.2. 구문의미와 구조특징

- 이 구문의미는 '주어가 "为1/为了" 등에 의해 이끌리는 대상을 목적이나 의도로 함'이다.
- 주어는 행위자이다.
- 전치사는 '为1/为了' 등을 쓴다.
- e-f처럼 '为1/为了'가 이끄는 대상이 '용언성'이면 '목적 의미'가 더욱 명백해진다.

1.9.3. 심화 학습

목적을 표시하는 '为1/为了+명사구'는 문장의 밖에서 독립성분으로 기능하는 경우가 많다.

(1) 为了世界和平，咱们干杯！
세계평화를 위하여, 우리 건배합시다!

(2) 为了以后有好前途，我们现在就要努力学习。
이후에 좋은 앞날이 있게 하기 위해, 우리는 지금 열심히 공부해야 한다.

1.9.4. 구문 연습

1) 다음 예문에서 '목적'을 표시하는 전치사구에 밑줄을 그으시오.

(1) 大家为幸福奋斗一生。

(2) 学生们为了好成绩而努力学习。

(3) 我要为实现我的理想而努力。

(4) 大家一起为水灾的群众祈祷吧。

2) 목적 표시전치사구에 주의하여 다음을 해석하시오.

(1) 父母为儿女忙碌着。

(2) 他为拿到冠军拼命努力。

(3) 我们一起为理想而奋斗。

(4) 他们为了国家牺牲了自己。

3) 주어진 어구를 써서 '목적표시 전치사구문'으로 작문하시오.

(1) 우리들은 목표를 위해 함께 노력한다. [目标], [共同], [努力]

(2) 우리 평화를 위해 건배합시다. [和平], [而], [干杯]

(3) 우리 꿈을 위해 분투합시다. [梦想], [奋斗]

(4) 우리들은 미래를 위해 열심히 공부해야 한다. [明天], [好好]

4) 연습문제 1)-2)의 각 예문을 다음 구문분석표에 적용시켜보자.

S 주어		PP 전치사 표지 구				V 타동행위			O 목적어		부가성분 및 문장부호
행위/ 진술대상자		부가 성분	为1(了)+ 목적대상		부가 성분	동사	부가 성분				
											!
	+			+				+		+	

1.10. 근거표시 전치사구문

1.10.1. 기본구조

	S 주어 행위/ 진술대상		PP 전치사 표지 구 부가성분	PP 전치사 표지 구 按(照)/根据/由5 +근거대상		부가성분	V 타동행위 동사	부가성분		O 목적어		부가성분 및 문장부호
a	我	+		按你说的	+		买		+		+	。
b	你们			按高矮个儿			排队					。
c	公司			根据实际情况			安排			工作		。
d	他们			根据实际情况			作	了		相应的调整		。
e	句子			由句子成分			组成					。

1.10.2. 구문의미와 구조특징

- 이 구문의미는 '주어가 "按/根据/由5" 등에 의해 이끌리는 대상을 근거로 행동하거나 구성됨'이다.
- 주어는 행위자이거나 진술대상자이다.
- 전치사는 '按/按照 / 本着 / 接着 / 根据' 등을 쓴다.
- e처럼 [-유생]의 진술대상도 주어로 충당될 수 있다.

1.10.3. 심화 학습

'근거'를 표시하는 전치사구문도 독립성분을 구성하여, 문장의 밖에 위치하는 경우가 적지 않다.

(1) 据天气预报说，明天多云转晴。
일기예보에 의하면, 내일은 구름이 많이 끼었다가 맑아질 것이라 한다.

(2) 由此可知，他是这方面的名人。
이로써 알 수 있듯이, 그는 이 분야의 명인이다.

1.10.4. 구문 연습

1) 다음 예문에서 '근거'를 표시하는 전치사구에 밑줄을 그으시오.

(1) 大家都按照我说的办。

(2) 职员按顾客的要求处理。

(3) 请按号码牌办理相关手续。

(4) 他按颜色把衣服分类整理好了。

(5) 公司根据业绩的高低给予奖金和奖励。

2) 근거표시 전치사구에 주의하여 다음을 해석하시오.

(1) 那就按你说的买。

(2) 人体由各种细胞组成。

(3) 这个代表团由运动员和裁判组成。

(4) 警察根据目击者提供的线索办案。

(5) 根据我方产品的具体情况，我们认为在电视上播放为好。

3) 주어진 어구를 써서 '근거표시 전치사구문'으로 작문하시오.

(1) 이 사건은 규정대로 처리한다. [规定]

(2) 순서대로 줄을 서서 입장하시오. [顺序], [排队]

(3) 나는 요구대로 보고서를 완성하였다. [要求], [报告]

(4) 우리들은 본문의 내용에 근거해 괄호넣기를 한다. [根据], [填空]

(5) 선생님은 학생들의 성적에 근거해 표창하신다. [成绩], [给予], [奖励]

4) 연습문제 1)–2)의 각 예문을 다음 구문분석표에 적용시켜보자.

S 주어		PP 전치사 표지 구			부가성분	V 타동행위	부가성분		O 목적어		부가성분 및 문장부호
행위/진술대상자		부가성분	按(照)/根据/由5+근거대상			동사					
	+			+				+		+	

1.11. 수여대상 표시 전치사구문

1.11.1. 기본구조

S 주어			PP 전치사 표지 구			부가성분	V 타동행위	부가성분		O 목적어		부가성분 및 문장부호
행위자			부가성분	给2+수여대상			동사					
a	你	+	可以	给我	+		打		+	电话	+	。
b	她		就	给我			介绍	了		她的父亲		。
c	他			给朋友			发送	了		一封信		。
d	我		还没	给孩子			穿			衣服		呢。
e	我			给花			浇	了		水		。

1.11.2. 구문의미와 구조특징

- ◆ 이 구문의미는 '주어가 "给2"에 의해 이끌리는 대상에게 목적어의 내용물을 줌'이다.
- ◆ 주어는 행위자이다.
- ◆ 전치사는 '给2'를 쓴다.
- ◆ e에서 보듯 수여대상은 [-유생]일 수도 있다.

1.11.3. 구문 연습

1) 다음 예에서 ‘수여대상’을 표시하는 전치사구에 밑줄을 그으시오.

(1) 他给我买了祁物。

(2) 爸爸给我寄了钱来。

(3) 我给大家做一下自我介绍。

(4) 老师给小朋友们照了一张照片。

(5) 他们给孤儿院的孩子送去了很多衣服。

2) 수여대상 표시 전치사구에 주의하여 다음을 해석하시오.

(1) 祖父给孙子起了名。

(2) 妈妈给我送来了很多好吃的。

(3) 他这几天没给我打电话。

(4) 他给我们介绍了这里的情况。

(5) 电视台给大家播送了最新信息。

3) 주어진 어구를 써서 ‘수여대상 표시 전치사구문’으로 작문하시오.

(1) 나는 그에게 문자 하나를 보냈다. [发], [条], [短信]

(1) 그는 나에게 새 전화기 한 대를 사주었다. [一台], [电话]

(2) 선생님은 학생들에게 숙제를 내(/할당해)주셨다. [布置], [作业]

(3) 그는 나에게 남자친구 하나를 소개해주었다. [介绍], [男朋友]

(4) 그녀의 아버지는 나에게 많은 한국의 상황을 소개했다. [情况]

4) 연습문제 1)-2)의 각 예문을 다음 구문분석표에 적용시켜보자.

S 주어		PP 전치사 표지 구			부가 성분	V 타동행위	부가 성분		O 목적어		부가성분 및 문장부호
행위자		부가 성분	给+수여대상			동사					
	+			+				+		+	

1.12. 제외대상 표시 전치사구문

1.12.1. 기본구조

	S 주어		PP 전치사 표지 구				V 타동행위			O 목적어		부가성분 및 문장부호
	행위/진술대상자		부가성분	除了+제외대상		부가성분	동사	부가성분		목적어		
a	中文系			除了我		以外都	毕业					了。
b	家里	+		除了弟弟	+	以外都	赞成		+	爸爸的意见	+	。
c	这儿			除了咱们俩		(,)	没有			别人		。
d	阅览室里			除报纸		以外还	有			杂志		。
e	他			除了哥哥		之外还	有			一个姐姐		。
f	中秋节			除了上月		以外还	有			什么传统习俗		?

1.12.2. 구문의미와 구조특징

- 이 구문의미는 두 가지이다. 즉 a-c처럼 '①주어가 "除了"에 의해 이끌리는 대상을 제외함' 혹은 d-f처럼 '②주어가 "除了"에 의해 이끌리는 대상 이외에 다른 대상이 더 있음'이다. 후자의 경우 부가성분 '还'는 이 구문의미를 결정하는 필수적인 요소이다.
- 전치사는 '除 / 除了' 등을 쓴다.
- 전치사에 호응하는 사용 부가어는 '人外' 혹은 '之外'이다.

1.12.3. 심화 학습

'除了+명사구'도 문장의 밖에 위치하여 독립성분을 구성하는 경우가 잦다. 특히 해당 사항을 '제외'하는 표현에 잘 쓰인다.

(1) 除了星期天, 他每天都很忙。
일요일 이외에 그는 매일 바쁘다.

(2) 除了他以外, 我们都会说汉语。
그만 빼고 우리들은 모두 중국어를 할 수 있다.

1.12.4. 구문 연습

1) 다음 예문에서 '제외대상'을 표시하는 전치사구에 밑줄을 그으시오.

(1) 学校除了足球场还有网球场。

(2) 他除了看电影以外没有别的爱好。

(3) 他除了性格坏点之外也没有什么缺点。

(4) 这个学期除了专业课以外还有第二专业的课。

2) 제외대상 표시 전치사구에 주의하여 다음을 해석하시오.

(1) 我除了爱你还能爱谁？

(2) 我除了你就没有可以相信的人。

(3) 我们班里除了我以外没有一个韩国人。

(4) 人生除了学习以外还有许多有意义的事。

3) 주어진 어구를 써서 '제외대상 표시 전치사구문'으로 작문하시오.

(1) 그는 돈이 없는 것 빼고 뭐든지 다 있다. [没钱], [什么都有]

(2) 나는 너 말고 다른 친구가 없다. [再], [其他朋友]

(3) 나는 빨래하는 것 말고도 밥도 지을 수 있다. [会洗衣服], [会做饭]

(4) 교실 안에는 이 선생님 이외에 왕 주임도 계신다. [李老师], [以外], [王主任]

4) 연습문제 1)–2)의 각 예문을 다음 구문분석표에 적용시켜보자.

S 주어		PP 전치사 표지 구			부가성분	V 타동행위	부가성분		O 목적어		부가성분 및 문장부호
행위/ 진술대상자		부가성분	除了+제외대상			동사					
	+			+				+		+	

1.13. '방법/도구/재료' 표시 전치사구문

1.13.1. 기본구조

	S 주어		PP 전치사 표지 구			V			O 목적어		부가성분 및 문장부호
	행위자/진술대상		부가성분	用/拿+도구/재료 대상		부가성분	타동행위 동사	부가성분			
a	我们			用电子邮件			联系				吧。
b	我们	+		用传真	+		发		+ 文件	+	。
c	这家店		要	用现金			结账				。
d	你		要	用信用卡			提		款		吗?
e	你		不要	用电脑			玩		游戏		了。
f	小李		要	拿自己的电脑			换		小刘的手机		。

1.13.2. 구문의미와 구조특징

- 이 구문의미는 '주어가 "用/拿"등에 의해 이끌리는 대상을 수단/도구나 재료로 함'이다.
- 주어는 일반적으로 행위자이나, c처럼 [-유생]의 진술대상도 가능하다.
- 전치사는 '用/拿' 등을 쓴다.

1.13.3. 심화 학습

전치사 '用/拿' 등에 의해 이끌리는 대상은 구체적인 명사뿐만 아니라 아래처럼 추상명사도 포함된다.

(1) 他用武力征服了敌人。
그는 무력으로 적을 정복했다.

(2) 我们用智慧赢得了最后胜利。
우리는 지혜로 최후의 승리를 거두었다.

1.13.4. 구문 연습

1) 다음 예문에서 '방법/도구/재료'를 표시하는 전치사구에 밑줄을 그으시오.

(1) 我们用阳光晒干衣服。

(2) 我们到时候用手机联系吧。

(3) 我们用其他方式试试看吧。

(4) 你用毛巾擦一下脸吧。

(5) 我们用网络查找资料吧。

2) '방법/도구/재료' 표시 전치사구에 주의하여 다음을 해석하시오.

(1) 妈妈用河水洗衣服。

(2) 他每天拿哑铃练习臂力。

(3) 我们以前用油灯照亮了屋子。

(4) 这种点心是用蜂蜜和奶油做成的。

(5) 你亲自拿事实证明，那么我会相信。

3) 주어진 어구를 써서 '방법/도구/재료' 표시 전치사구문으로 작문하시오.

(1) 그는 칼로 사과를 깎는다. [刀], [削苹果]

(2) 우리 카드로 (값을) 계산합시다. [卡], [结账]

(3) 나는 수화로 그와 이야기한다. [手语], [谈话]

(4) 제가 연필로 답안을 작성해도 되나요? [铅笔], [答题]

(5) 우리는 지혜로 시합의 승리를 얻었다. [智慧], [赢得], [比赛的胜利]

4) 연습문제 1)-2)의 각 예문을 다음 구문분석표에 적용시켜보자.

S 주어	PP 전치사 표지 구		부가 성분	V 타동행위	부가 성분	O 목적어	부가성분 및 문장부호
행위자	부가 성분	用/拿+도구/재료 대상		동사			

1.14. '대리/봉사 대상' 표시 전치사구문

1.14.1. 기본구조

	S 주어		PP 전치사 표지 구			부가성분	V 타동행위	부가성분		O 목적어		부가성분 및 문장부호
	행위자		부가성분	替/给3/为2+ 봉사/대리대상			동사					
a	我		明天	替他			讲			课		。
b	他	+	今天	替我	+		加班		+		+	。
c	我		在北京饭店	给你们			订	了		个房间		吧。
d	我			给他			做			菜		。
e	他			为世界和平			作	出了		重大贡献		。
f	妈妈			为我			织	了		一件毛衣		。

1.14.2. 구문의미와 구조특징

◆ 이 구문의미는 '주어가 "替/给3/为2"등에 의해 이끌리는 대상에게 봉사나 대리행위를 함' 이다.

◆ 주어는 행위자이다.

◆ 전치사는 '为2/替/给3' 등을 쓴다.

◆ a-c에서 보듯 부사성 부가성분은 일반적으로 전치사 앞에 온다.

1.14.3. 심화 학습

이 전치사구문의 한국어 번역에는 명시적인 '대리/봉사'의 의미를 나타내는 '~을 위하여'의 표현뿐만 아니라 '~에(게)'로 표현되는 경우도 많다.

(1) 我为报社写文章。
나는 신문사에 글을 쓴다.

(2) 他给我订了火车票。
그는 나에게 기차표를 예약해주었다.

1.14.4. 구문 연습

1) 다음 예문에서 '대리/봉사'를 표시하는 전치사구에 밑줄을 그으시오.

(1) 律师替我辩论。

(2) 我们替他完成这项任务吧。

(3) 他们为我们热情地服务。

(4) 我在教室里给你占了座位。

(5) 我在便利店给你买了一个冰淇淋。

2) '대리/봉사' 대상 표시 전치사구에 주의하여 다음을 해석하시오.

(1) 姐姐替我写了作业。

(2) 我明天替你订机票。

(3) 他替我找到了这份重要的资料。

(4) 他为我买了生日蛋糕。

(5) 我给他精心准备了一份礼物。

3) 주어진 어구를 써서 '대리/봉사' 대상 표시 전치사구문으로 작문하시오.

(1) 그는 이 책에 서문을 썼다. [写], [一篇序]

(2) 나는 샤오리 대신 회의에 참석한다. [小李], [出席会议]

(3) 내가 네 대신 선생님에게 조퇴를 신청해줄게. [跟老师], [请假]

(4) 그는 자신의 모교를 위해 도서관 한 동을 지었다. [为自己的母校], [建], [一座]

(5) 그는 가난한 아이들의 단체에 선물을 보낸다. [贫穷孩子们的团体], [送礼物]

4) 연습문제 1)-2)의 각 예문을 다음 구문분석표에 적용시켜보자.

S 주어		PP 전치사 표지 구				V 타동행위			O 목적어		부가성분 및 문장부호
행위자		부가 성분	为2/替/给3+ 봉사/대리대상		부가 성분	동사	부가 성분				
	+			+				+		+	

1.15. 관여대상 표시 전치사구문

1.15.1. 기본구조

	S 주어		PP 전치사 표지 구			부가성분	V 타동행위	부가성분		O 목적어		부가성분 및 문장부호
	행위자/진술대상		부가성분	对(于)+관계 대상			동사					
a	我			对这种方式		不大	习惯					。
b	我	+		对他	+		产生	了	+	好感	+	。
c	他			对汉语		很	感			兴趣		。
d	运动			对身体			有益					。
e	这本书			对学习			有			帮助		。
f	他			对我		点点头	表示			同意		了。

1.15.2. 구문의미와 구조특징

- 이 구문의미는 "'对(于)'에 의해 이끌리는 명사구를 관련 대상화함'이다.
- 주어는 행위자 혹은 진술대상이다.
- d-e에서 보듯 주어는 '사물'로 충당될 수도 있다.
- f는 "点点头"를 동사구로 보면, 연동구조로 파악할 수도 있다.

1.15.3. 심화 학습

첫째, 전치사 '对(于)'로 이끌리는 명사구의 한역

이 구조를 한국어로 번역할 때, '~에 대해'로 번역하는 것보다 '~에'로 번역하는 것이 좋을 때가 있다.

(1) 这种药对感冒很有效。이 약은 감기에 잘 듣는다.
(2) 他的想法对计划的实施产生了极大的负面影响。그의 생각은 계획의 실행에 매우 부정적인 영향을 미친다.

둘째, '关于' 전치사구의 특징

'对于'나 '关于'는 화자가 말하고자 하는 대상을 문두로 이끌어내는 기능이 비교적 강하다. 또 문두에 위치할 대는 일반적으로 전치사를 생략한다.

(1) (对于)东南亚的情形，我不太明白。동남아지역의 상황에 대해 나는 잘 모른다.
(2) a. (关于)这个问题，我们还要研究一下。이 문제에 관하여 우리는 좀 연구해야 한다.
a' *我们关于这个问题还要研究一下。

특히 주의할 점은 '关于+명사구'는 (2)a'에서 보듯 주어의 뒤에서 부사어로 쓰일 수 없다는 점이다.

1.15.4. 구문 연습

1) 다음 예문에서 '관여 대상'을 표시하는 전치사구에 밑줄을 그으시오.

(1) 喝茶对减肥有效。

(2) 游泳对减肥很有用。

(3) 我对这件事有意见。

(4) 他们要对自己闯的祸负责。

(5) 我从小对中国的电影很感兴趣。

2) 관여대상 표시 전치사구에 주의하여 다음을 해석하시오.

(1) 你对汉语感兴趣吗？

(2) 他总是对朋友撒谎。

(3) 我对他说的谎言感到恐怖。

(4) 我们对他的为人很不放心。

(5) 小李对大家的帮助表示感谢。

3) 주어진 어구를 써서 '관여대상 표시 전치사구문'으로 작문하시오.

(1) 운동은 몸에 좋다. [身体]

(2) 나는 그의 병세에 대해 관심이 많다.[病情], [关心]

(3) 야채를 많이 먹는 것은 당신의 병세에 유익하다. [多吃蔬菜], [病情有益]

(4) 그는 교육 사업에 매우 열정이 있다. [教育工作], [有热情]

(5) 선생님은 본문 중의 문법에 대해 설명하신다. [课文中的语法], [进行说明]

4) 연습문제 1)-2)의 각 예문을 다음 구문분석표에 적용시켜보자.

S 주어		PP 전치사 표지 구			V 타동행위			O 목적어		부가성분 및 문장부호
행위자		부가성분	对(于)+ 관계 대상		부가성분	동사	부가성분			
	+			+				+	+	

1.16. 강조대상 표시 전치사구문

1.16.1. 기본구조

	S 주어		PP 전치사 표지 구				V 타동행위			O 목적어		부가성분 및 문장부호
	행위자		부가 성분	连+ 강조대상		부가 성분	동사	부가 성분				
a	他			连一句话		也没	说					。
b	他	+		连再见	+	都没	说		+		+	。
c	你		怎么	连这个		都不	会					?
d	他们			连东西南北		都	分	不清				。
e	她			连一通电话		也没	打	来				。
f	我们			连面		都没	见	到				。

1.16.2. 구문의미와 구조특징

- 이 구문의미는 '화자에 의한 "连"에 의해 이끌리는 명사구에 대한 강조(초점화)'이다.
- 주어는 행위자이다.
- 전치사는 '连'을 쓰며, 후속하는 부사 '也/都'와 호응한다.
- '连'에 이끌리는 명사구는 동사의 목적어 성분이 전치된 것이다.
- a-f의 각종 부가성분에서 볼 수 있듯이, 이 구문은 자주 부정문으로 쓰인다. 즉 **최소한에 대한 부정을 통해 부정의미의 극대화(전체 부정)**를 노리는 표현이다.

1.16.3. 심화 학습

전치사는 '连'에 이끌리는 명사구는 동사의 목적어 성분이 앞으로 전치된 것인데, 이를 문두로 내보낼 수도 있다. 이 경우도 강조성분은 '连' 뒤의 명사구이다.

(1) 一句话连他也没说。
한 마디말도 그조차 안했다.

(2) 再见连他都没说。
안녕이라는 말도 그조차 안 했다.

(3) 东西南北连他们都分不清。
동서남북에 대해서 그들조차도 구분하지 못한다.

이때 문두에 위치하는 명사구는 화자의 의도에 의한 진술대상이다. 이처럼 '기본 문형'에서 변환을 거친 문장이 본서의 Ⅴ장에서 다루는 '응용 문형' 가운데 '화제화 문형'이다.

1.16.4. 구문 연습

1) 다음 예문에서 '강조 대상'을 표시하는 전치사구에 밑줄을 그으시오.

(1) 他连一个字也没写。

(2) 他连春节都没回家。

(3) 他连脸都没洗就出去了。

(4) 他连面也没见到就回去了。

(5) 他连一声对不起也不肯说。

2) 강조대상 표시 전치사구에 주의하여 다음을 해석하시오.

(1) 他连一分钱也没花。

(2) 他连一看都没看就出去了。

(3) 他连玉米饭也吃不起。

(4) 这个工作连他也没法完成。

(5) 他连课本也没看就去考试了。

3) 주어진 어구를 써서 '강조대상 표시 전치사구'으로 작문하시오.

(1) 그는 노래 한 곡조차 부르지 않았다. [一首歌], [没唱]

(2) 그는 초등학교조차 다니 적이 없다. [小学], [没上过]

(3) 그는 돈 한 푼조차 안내려 한다. [一分钱], [不出]

(4) 그는 자기의 양말조차 빨 줄 모른다. [袜子], [不会洗]

(5) 그는 밥도 못 먹고 출근하러 갔다. [去], [上班]

4) 연습문제 1)-2)의 각 예문을 다음 구문분석표에 적용시켜보자.

S 주어		PP 전치사 표지 구			V 타동행위			O 목적어		부가성분 및 문장부호
행위자		부가성분	连+강조대상	부가성분	동사	부가성분				
	+			+			+		+	

** 팁:

전치사의 상당수는 본래 동사에서 허화(虛化)되었기 때문에, 여전히 동사로서도 기능할 수 있다. 이는 일종의 겸류현상(ⓒ兼类现象)이다. 다음 표를 보자.

〈전치사와 동사 겸류현상 표〉

겸류어휘	전치사(P)		동사(V)	
在	在家看书	집에서 책을 보다	他在家。	그는 집에 있다.
给	给我买一个	나에게 한 개를 사주다	他给我钱 。	그는 나에게 돈을 준다.
用	用毛笔写	붓으로 쓰다	他用铅笔。	그는 연필을 사용한다.
离	离学校不远	학교에서 멀지 않다	他没离过家。	그는 집을 떠난 적이 없다.
比	比我小	나보다 어리다	他们比着个子。	그들은 키를 비교하고 있다.
朝	朝南开	남쪽으로 열려있다	饭店朝南。	호텔은 남쪽을 향한다.
依	依计划办	계획대로 하다	他依你。	그는 당신을 의지한다.
对	对你好	당신에게 좋다	面对面。	얼굴과 얼굴을 마주하다.

제 V 장

2개의 '응용문형'을 장악하면 13개의 구문이 보인다

1. 제9문형: 문두 화제화문형(TC)
2. 제10문형: 객체대상 초점화문형(SFV)

제V장

2개의 '응용문형'을 장악하면 13개의 구문이 보인다

1 제9문형: 문두 화제화문형(TC)

본서는 '문두 화제화문형(TC)'에 속하는 구문을 그 의미적 특성에 따라 각각 묘사대상, 시간, 장소, 관여대상, '도구/재료', '교류/협동' 대상, 수여대상, 사역대상, 인지대상, 심리대상, 지배대상 등 '10개의 화제화구문'으로 나눈다. 각 구문에 대해 구문분석표를 활용하여 살펴보자.

1.1. 묘사대상 화제화구문

1.1.1. 기본구조

	대상 화제 Topic		진술내용 Comment						부가성분 및 문장부호
	NP1		NP2	VP(술어구)					
	대주어 (S)		소주어 (S')	부가성분	동사/형용사	부가성분	O		
a	这种电影		看的人	不	多				。
b	张老师	+	工作		忙			+	吗?
c	这事		老高		有		办法		。
d	他的两个哥哥		一个		是		工程师		,
			一个		是		演员		。
e	他的两个孩子		一个		在		美国		,
			一个		在		中国		。

1.1.2. 구문의미와 구조특징

- 이 구문의미는 '어떤 대상을 화제로 삼아 그것을 묘사함'이다.
- 화제는 묘사의 대상이며, d-e에서 보듯 여러 개의 진술내용을 가질 수 있다.
- 진술구의 중심은 묘사적이어야 하므로, a-b에서 보듯 형용사 혹은 c-e에서 보듯 [-동작]의 '관계' 동사로 충당된다.

1.1.3. 심화 학습

묘사대상 화제화 구문에서 대주어(NP1)와 소주어(NP2) 사이에는 다양한 의미관계가 있다.

1) 'NP1'은 'NP2'를 총괄하는 대상

(1) 他写的字，有的大，有的小。
그가 쓴 글자는 어떤 것은 크고, 어떤 것은 작다.

(2) 参加这项科研工作的人，年轻的占百分之七十。
이 연구 작업에 참여한 사람들 중에 젊은 사람들이 70%를 차지한다.

(3) 鱼，黄鱼最好吃。
물고기는 조기가 제일 맛있다.

(4) 花，玫瑰最好看。
꽃은 장미가 제일 예쁘다.

2) 'NP1'은 'NP2'의 소유자

(1) 张老师工作忙吗?
장 선생님은 일이 바쁩니까?

(2) 这棵树叶子很大。
이 나무는 잎이 크다.

(3) 那位工程师水平很高。
그 기술자는 수준이 아주 높다.

(4) 那个年青人义气很强。
그 젊은이는 의협심이 아주 강하다.

(5) 这本书内容不错。
이 책은 내용이 좋다.

1.1.4. 구문 연습

1) 다음 예문에서 묘사대상 화제에 밑줄을 그으시오.

(1) 他态度端正。

(2) 小李身体很健康。

(3) 那位工程师水平很高。

(4) 他的妹妹眼睛大, 嘴巴小。

(5) 小王呢, 眼睛不好; 所以, 只能报考文科。

2) 다음을 '묘사대상 화제화 구문의미'에 어울리게 해석하시오.

(1) 小狗浑身雪白。

(2) 孩子们个个都健康。

(3) 这个地方, 他也许陌生。

(4) 陆大夫临床经验很丰富, 手术做得很漂亮。

(5) 这个年轻人, 个子高, 相貌好, 性情温和, 待人诚垦, 爱好广范, 深得大家喜欢。

3) 주어진 어구를 써서 다음을 '묘사대상 화제화구문'으로 작문하시오.

(1) 기린은 목이 아주 길다. [长颈鹿], [脖子]

(2) 이일은 고씨가 제일 수단이 있다. [老高], [最有办法]

(3) 그 책은 저자가 왕멍이다. [作者], [王蒙]

(4) 왕씨는 딸이 셋 있는데, 막내는 돈이 제일 많다. [最小的], [钱]

(5) 그의 두 형은, 하나는 기술자이고, 하나는 배우이다. [工程师], [演员]

4) 연습문제 1)−2)의 각 예문을 다음 구문분석표에 적용시켜보자.

대상 화제 Topic		진술내용 Comment						부가성분 및 문장부호
NP1		NP2	술어구(VP)					
대주어 (S)		소주어 (S')	부가성분	동사/형용사	부가성분	O		
	+						+	

1.2. 시간 화제화구문

1.2.1. 기본구조

	대상 화제 Topic	+	진술내용 Comment					+	부가성분 및 문장부호
	NP1		NP2	술어구(VP)					
	대주어 (S)		소주어 (S')	부가성분	동사	부가성분	O		
a	今儿		王老师		值班				。
b	星期天(啊)		人		挤		人		。
c	今天晚上		咱们		喝		两杯啤酒		吧。
d	1966年		中国	那年	发生	了	文化大革命		。

1.2.2. 구문의미와 구조특징

- ◆ 이 구문의미는 '화자가 시간 명사구를 화제로 삼아 설명함'이다.
- ◆ 화제는 진술의 대상이며, 시간적 '대조'의 의미가 있다.
- ◆ 진술내용은 해당 시간을 중심으로 설명된다.
- ◆ d에서 보듯 시간에 대한 대상성이 약할 경우 부가어 위치에 해당 시간을 다시 제시할 수 있다.

1.2.3. 심화 학습

시간 화제화구문에서 문두의 화제(시간명사)는 주어 뒤의 부사어가 이동한 것이다. 구문분석표의 예를 다시 보자.

a'. 王老今儿值班。
왕씨가 오늘 숙직이다.
b.' 人星期天挤人。
사람들은 일요일에 붐빈다.
c'. 咱们今天晚上喝两杯啤酒吧。
우리 오늘저녁에 맥주나 한 잔 합시다.
d'. 中国1966年发生了文化大革命。
중국은 1966년에 문화대혁명이 발생했다.

1.2.4. 구문 연습

1) 다음 예문에서 시간 표시 화제에 밑줄을 그으시오.

(1) 这个星期天小李值班。

(2) 生日那天我打算去旅游。

(3) 1950年韩国那年发生了韩战。

(4) 这个周末咱们喝两杯啤酒吧。

(5) 年轻的时候我非常喜欢听音乐。

2) 다음을 '시간 화제화 구문의미'에 어울리게 해석하시오.

(1) 生病的时候我特别想你。

(2) <u>明天</u>咱们吃过早饭就去上班。‘

(3) 那次大地震的时候他失去了一条腿。

(4) 初中二年级的那一年妹妹迷上了班级里的帅哥。

(5) 每个星期，她都会收到不能公开的来信；<u>每个周末</u>，她都有神秘的约会。‘

3) 주어진 어구를 써서 다음을 '시간 화제화구문'으로 작문하시오.

(1) 12월에는 그가 중국에 가려고 한다. [要]

(2) 내일은 우리가 물건을 삽시다. [买东西]

(3) 두시에는 기차가 이 다리를 지나간다. [两点钟], [通过这座桥]

(4) 주말에는 우리 등산하러 갑시다, 어때요? [去爬山]

(5) 내가 없는 동안(에 말이죠) 당신은 잘 지냈습니까? [过得好]

4) 연습문제 1)-2)의 각 예문을 다음 구문분석표에 적용시켜보자.

<table>
<tr><th>대상 화제
Topic</th><th></th><th colspan="5">진술내용
Comment</th><th></th><th rowspan="3">부가성분
및
문장부호</th></tr>
<tr><th>NP1</th><th></th><th>NP2</th><th colspan="4">술어구(VP)</th><th></th></tr>
<tr><th>대주어
(S)</th><th></th><th>소주어
(S')</th><th>부가성분</th><th>동사</th><th>부가성분</th><th>O</th><th></th></tr>
<tr><td></td><td>+</td><td></td><td></td><td></td><td></td><td></td><td>+</td><td></td></tr>
</table>

1.3. 장소 화제화구문

1.3.1. 기본구조

	대상 화제 Topic		진술내용 Comment						부가성분 및 문장부호
	NP1		NP2	술어구(VP)					
	대주어 (S)		소주어 (S')	부가성분	동사	부가성분	O		
a	北京	+	他	曾经	去	过几次		+	。
b	青岛		咱们	多	住	几天			吧。
c	操场上		几个人	在	跑步				。
d	西郊宾馆		我们	在那儿	开	过	会		。
e	中国		地			大			(,)
			物			博			,
			人口			多			。

1.3.2. 구문의미와 구조특징

- 이 구문의미는 '화자가 장소 명사구를 화제로 삼아 설명함'이다.
- 진술구내용은 해당 장소를 중심으로 설명된다.
- d에서 보듯 장소에 대한 대상성이 약할 경우 부가어 위치에 '在那儿'이나 '在这儿'을 넣어 명백히 한다.
- e의 화제 '中国'은 지리적인 의미와 아울러 국가명칭의 의미를 가지므로, '장소성' 뿐만 아니라 '묘사성'의 의미도 크다. 이 화제는 세 개의 묘사적 진술내용을 가진다.

1.3.3. 심화 학습

이 구문에서 화제(장소명사)는 일반적으로 주어의 뒤 부사어 위치에서 각각 문두로 이동하였다. 분석표의 예를 다시 보자.

a'. 他曾经去过几次北京。그는 일찍이 베이징에 몇 차례 가본 적이 있다.
b'. 咱们在青岛多住几天吧。우리 칭다오에서 며칠 더 묵읍시다.
c'. 几个人在操场上跑步。몇 사람이 운동장에서 달리기를 한다.
d'. 我们西郊宾馆在那儿开过会。우리들은 시지아오호텔(그곳)에서 회의를 한 적이 있다.

주의할 점은 a'와 b' 화제의 원래 위치가 다르다는 점이다. a'에서 '北京'은 동사 '去'의 장소목적어의 위치에서, b'의 '青岛'는 부사어의 위치에서 각각 문두로 이동한 것이다. 따라서 도시명이 동일하게 화제화되었다 해도 해석상의 차이가 명백하다.

1.3.4. 구문 연습

1) 다음 예문에서 장소 표시 화제에 밑줄을 그으시오.

(1) 墙上，他挂了一幅画。
(2) 窗台上鲜花摆满了。
(3) 青岛我年轻时去过那儿。
(4) 这方面我们经验太多了。
(5) 操场上几个男孩正在那儿踢足球呢。

2) 다음을 장소 화제화구문의 의미를 고려하여 한역하시오.

(1) 这间屋子我堆东西。
(2) 饭馆里咱们不好说话。
(3) 校园里，红的、黄的、绿的，挂满了彩旗。
(4) 那家小吃店里，一个炎热的下午顾客盈门。
(5) 很遥远的地方，他在那儿等待你的归还。

3) 주어진 어구를 써서 다음을 '장소 화제화구문'으로 작문하시오.

(1) 공원에는 아이들이 놀이(게임)를 하고 있다. [在]，[做游戏]
(2) 시안(西安)에서는 우리가 며칠 더 묵을 생각이다. [打算]，[多住一天]
(3) 항저우(杭州)는 내가 학교에 다닐 때 (그곳에) 가본 적이 있다. [上学时]，[去过那儿]
(4) 그 지하철역 앞 말이야, 우리는 거기서 집합한다. [在那儿]，[集合]
(5) 그 꽃밭에는 말이야, 내가 이미 거기에다 목단을 심었어. [花园]，[在那儿]，[种上牧丹]

4) 연습문제 1)-2)의 각 예문을 다음 구문분석표에 적용시켜보자.

대상 화제 Topic		진술내용 Comment							부가성분 및 문장부호
NP1		NP2	술어구(VP)						
대주어 (S)		소주어 (S')	부가성분	동사/형용사	부가성분	O			
	+							+	

1.4. 관여대상 화제화구문

1.4.1. 기본구조

	대상 화제 Topic		진술내용 Comment						부가성분 및 문장부호
	NP1		NP2	술어구(VP)					
	대주어 (S)		소주어 (S')	부가성분	동사/형용사	부가성분	O		
a	计算机,	+	他	很	内行			+	。
b	这件事,		我		知道	得太多			了。
c	下农村,		小李	是	心甘情愿				的。
d	婚姻的事,		我	自己	作主				。
e	这件事,		我	不	怪		你		。
f	这个计划		我		有		意见		。

1.4.2. 구문의미와 구조특징

- ◆ 이 구문의미는 '문두의 화제 명사구에 대한 화자의 언급'이다.
- ◆ 화제는 화자에 의한 언급대상이다. 따라서 화제명사구 앞에 '对于', '关于', '至于' 등 '~에 대하여'의 의미를 나타내는 전치사를 부가할 수 있다.

1.4.3. 심화 학습

이 구문에서 화제명사구 앞에 '对于', '关于', '至于' 등 '～에 대하여'의 의미를 나타내는 전치사를 부가할 수 있다.

a'. [对于/关于/至于]计算机, 他很内行。컴퓨터에 대해서 말이지, 그는 전문가야.
b'. [对于/关于/至于]这件事, 我知道得太多了。이 사건에 대해서 말이지, 나는 잘 안다.
c'. [对于/关于/至于]下农村, 小李是心甘情愿的。
농촌으로 내려가는 문제에 있어서 말이지, 샤오리는 마음속 깊이 원한다.
d'. [对于/关于/至于]婚姻的事, 我自己作主。혼인의 일에 관해서는 말이지, 내 스스로 처리한다.

한 편 이들 전치사구는 부사어의 위치에서 이동된 것이다.

a". 他[对于]计算机很内行。그는 컴퓨터에 대해서 전문가이다.
b". 我[对于]这件事知道得太多了。나는 이 사건에 대해서 잘 안다.
c". 小李[对于]下农村是心甘情愿的。샤오리는 농촌으로 내려가는 문제에 대해 마음속 깊이 원한다.
d". 我[对于]婚姻的事自己作主。나는 혼인의 일에 대해 스스로 처리한다.

이때는 전치사 '对于'만이 자연스럽다.

1.4.4. 구문 연습

1) 다음 예문에서 '관여 대상' 화제에 밑줄을 그으시오.

(1) 这件事你可以写一本小说。
(2) 这个问题我的意见跟大家不同。
(3) 环保问题领导重视不重视大不一样。
(4) 这个问题我的意见跟大家不同。
(5) 类似现代的足球运动，中国很早就有。

2) 다음을 '관여대상 화제화 구문' 의미에 어울리게 해석하시오.

(1) 证据你要多少我有多少。
(2) 会计我们已经有人当了。
(3) 电影儿我看报了，最近没什么好的。
(4) 这样重要的事他们几个人现在脑子里一点印象也没有了。
(5) 至于这些先进的工人克服困难、鉆研创造的过程，他听都不要听。

3) 주어진 어구를 써서 다음을 '관여대상 화제화구문'으로 작문하시오.

(1) 이 일에 대해서 말이야 난 다른 견해를 가지고 있어. [看法]
(2) 이 문제에 대해서는 견해차이가 매우 크다 .[意见分歧]
(3) 이 문제에 대해 나는 발언권이 없다. [发言权]
(4) 한국에 있는 것은(/에 대해 말하자면) 베이징에 모두 있다. [韩国有的], [都有]
(5) 이 일에 대해서 말이지, 나는 지금 머릿속에 아무 인상도 없다. [脑子里], [一点印象], [没有]

4) 연습문제 1)–2)의 각 예문을 다음 구문분석표에 적용시켜보자.

대상 화제 Topic		진술내용 Comment						부가성분 및 문장부호
NP1		NP2	술어구(VP)					
대주어 (S)		소주어 (S')	부가성분	동사/형용사	부가성분	O		
	+						+	

1.5. '도구/재료' 화제화구문

1.5.1. 기본구조

	대상 화제 Topic		진술내용 Comment						부가성분 및 문장부호
	NP1		NP2	술어구(VP)					
	대주어(S)		소주어(S')	부가성분	동사	부가성분	O		
a	一锅	+	四个人		吃			+	。
b	这副眼镜		我		看		书		。
c	热水		他		洗		碗		了。
d	零钱		他		买		菜		了。
e	新米		他		熬		粥		了。
f	这块料子		我	可以	做		裤子		。

1.5.2. 구문의미와 구조특징

- 이 구문의미는 '도구/재료 명사구를 화제로 삼아 그것으로 어떤 행동을 함에 대한 화자의 설명'이다.
- 화제는 진술의 대상이다. 분석표에서 a-b는 도구, c-f는 재료로서의 진술대상이다.
- 진술의 중심은 [동작성]이 비교적 강하다. 이는 화제명사구를 '도구/재료'로 삼아 어떤 행동을 함을 표현하기 때문이다.

1.5.3. 심화 학습

분석표에서 문두에 놓인 '도구/재료' 명사구는 주어의 뒤 부사어 위치에서 각각 화제화에 의하여 앞으로 이동하였다. 따라서 '도구/재료'를 나타내는 전치사 '用/拿'등을 써서 환원시킬 수 있다.

a'. 四个人[用]一锅吃。
　네 사람이 한 솥으로 먹는다.
b'. 我[用]这副眼镜看书。
　나는 이 안경으로 책을 본다.
c'. 我[用]热水洗碗了。
　나는 뜨거운 물로 그릇을 씻었다.
d'. 我[用]零钱买菜了。
　그는 잔돈으로 채소를 샀다.
e'. 我[用]新米熬粥了。
　그는 햅쌀로 죽을 끓였다.
f'. 我[用]这块料子可以做裤子。
　나는 이 (천)재료로 옷을 만들 수 있다.

1.5.4. 구문 연습

1) 다음 예문에서 '도구/재료' 화제에 밑줄을 그으시오.

(1) 这把刀他削苹果。
(2) 那块面我用它擀了面条了。
(3) 那袋米田大爷煮了一锅粥。
(4) 那个哑铃他每天拿它练习臂力。
(5) 油灯我们以前用它照亮了屋子。

2) 다음을 '도구/재료' 화제화 구문의미에 어울리게 해석하시오.

(1) 这种药我治哮喘。
(2) 这把刀排骨可剁不动。
(3) 这么油腻的凉水我可洗不了。
(4) 这些图片他用来教英语。
(5) 蜂蜜和奶油我们用它们做成这种点心。

3) 주어진 어구를 써서 다음을 '도구/재료' 화제화구문으로 작문하시오.

(1) 이 칼로는 그가 (그것으로) 고기를 썬다. [切肉]
(2) 미나리로는 왕 요리사가 (그것으로) 만두를 빚었다. [芹菜], [王师傅], [包饺子]
(3) 그의 신용카드로는 그들이 (그것으로) 계산했다. [信用卡], [结账]
(4) 수화로는 내가 (그것으로) 그들과 대화를 한다. [手语], [谈话]
(5) 이 교재로는, 우리가 (그것으로) 많은 인재를 키웠다. [这套教材], [培养], [人才]

4) 연습문제 1)-2)의 각 예문을 다음 구문분석표에 적용시켜보자.

<table>
<tr><td>대상 화제
Topic</td><td rowspan="3"></td><td colspan="5">진술내용
Comment</td><td rowspan="3"></td><td rowspan="3">부가성분
및
문장부호</td></tr>
<tr><td>NP1</td><td>NP2</td><td colspan="4">술어구(VP)</td></tr>
<tr><td>대주어
(S)</td><td>소주어
(S')</td><td>부가성분</td><td>동사/
형용사</td><td>부가성분</td><td>O</td></tr>
<tr><td></td><td></td><td></td><td></td><td></td><td></td><td></td><td></td><td></td></tr>
<tr><td></td><td></td><td></td><td></td><td></td><td></td><td></td><td></td><td></td></tr>
<tr><td></td><td>+</td><td></td><td></td><td></td><td></td><td></td><td>+</td><td></td></tr>
<tr><td></td><td></td><td></td><td></td><td></td><td></td><td></td><td></td><td></td></tr>
<tr><td></td><td></td><td></td><td></td><td></td><td></td><td></td><td></td><td></td></tr>
<tr><td></td><td></td><td></td><td></td><td></td><td></td><td></td><td></td><td></td></tr>
<tr><td></td><td></td><td></td><td></td><td></td><td></td><td></td><td></td><td></td></tr>
<tr><td></td><td></td><td></td><td></td><td></td><td></td><td></td><td></td><td></td></tr>
<tr><td></td><td></td><td></td><td></td><td></td><td></td><td></td><td></td><td></td></tr>
</table>

1.6. '교류/협동' 대상 화제화구문

1.6.1. 기본구조

	대상 화제 Topic		진술내용 Comment						부가성분 및 문장부호
	NP1		NP2	술어구(VP)					
	대주어(S)		소주어(S')	부가성분	동사	부가성분	O		
a	王刚,	+	小刘	跟他	通	过	信	+	。
b	这个人,		我	向他	借	过	钱		。
c	这个人,		我	天天跟他	下		棋		。
d	这个人,		我	以前跟他	共	过	事		。
e	小刘,		小李	天天和她	打		电话		。

1.6.2. 구문의미와 구조특징

- 이 구문의미는 '화자가 교류/협동 표시 명사구를 화제로 삼아 그에 대해 설명함'이다.
- 화제는 '교류/협동'의 대상이다.
- 진술의 중심은 [동작성]이 비교적 강하다. 이는 '교류/협동'의 행위를 설명하기 때문이다.
- a-e에서 보듯 '교류/협동' 표시 전치사구에 이끌리는 화제성분의 복사본(인칭대명사)은 필수적이다.

1.6.3. 심화 학습

분석표에서 화제화한 '교류/협동' 대상은 원래의 위치인 전치사 뒤로 환원할 수 있다.

a'. 小刘跟王刚通过信。
샤오류는 왕강과 연락을 취한 적이 있다.
b'. 我向这个人借过钱。
나는 이 사람에게서 돈을 빌린 적이 있다.
c'. 我天天跟这个人下棋。
나는 날마다 이 사람과 바둑을 둔다.
d'. 我以前跟这个人共过事。
나는 이전에 이 사람과 함께 일한 적이 있다.
e'. 小李天天和小刘打电话。
샤오리는 날마다 샤오류와 통화한다.

'전치사+교류/협동 대상' 구조에서 대상 명사구는 전치사가 반드시 필요로 하는 명사구이다. 따라서 분석표에서와 같이 화제화되어 문두로 이동하더라도 대명사 복사본(他)을 남겨 의미의 안정성을 추구한다.

1.6.4. 구문 연습

1) 다음 예문에서 '교류/협동' 대상 화제와 그 복사본에 밑줄을 그으시오.

(1) 老刘，小李和她谈恋爱。

(2) 小平，小李昨天跟他见过面。

(3) 小刘，小李他每天和她打电话。

(4) 小李，我要和他一起去长城。

(5) 小李，我经常跟他一起吃饭。

2) 다음을 '교류/협동' 대상 화제화 구문의미에 어울리게 해석하시오.

(1) 小李，我已经跟他说好了。

(2) 小刘，小李跟她打了电话。

(3) 这个人，我以前跟他共过事。

(4) 王老师，我和他商量了一些问题。

(5) 父亲，我与他相见已经两年了。

3) 주어진 어구를 써서 다음을 '교류/협동' 대상 화제화구문으로 작문하시오.

(1) 샤오리는 내가 이전에 그를 만난 적이 있다. [见面]

(2) 이 사람에게서는 내가 2만원을 빌린 적이 있다. [借]，[钱]

(3) 왕선생님과는 내가 이미 한 가지 문제를 상의하였다. [商量]，[问题]

(4) 샤오리말이야, 내가 전에 그와 장기를 둔 적이 있다. [下]，[象棋]

(5) 샤오리 말이야, 내가 그와 함께 영화를 보러 간다. [一起]，[电影]

4) 연습문제 1)-2)의 각 예문을 다음 구문분석표에 적용시켜보자.

대상 화제 Topic		진술내용 Comment						부가성분 및 문장부호
NP1		NP2	술어구(VP)					
대주어(S)		소주어(S')	부가성분	동사	부가성분	O		
	+						+	

1.7. 수여대상 화제화구문

1.7.1. 기본구조

	대상 화제 Topic	진술내용 Comment						부가성분 및 문장부호
	NP1	NP2	술어구(VP)					
	대주어(S)	소주어(S')	부가성분	동사	부가성분	O1	O2	
a	小王,	我		通知		他	一件事	。
b	张老师,	我		送	了	他	一本书	。
c	这个消息	他们	还没	通知		我		。
d	这事	你	别	告诉		小王		。

1.7.2. 구문의미와 구조특징

- 이 구문의미는 '두 개의 목적어를 가지는 문형에서 화자가 간접목적어 혹은 직접목적어 성분을 문두에 위치시켜 진술대상으로 삼음'이다.
- 화제는 '수여받는 사람(원래의 간접목적어성분)'이나 '수여받는 물건(원래의 직접목적어 성분)'이다. 즉 예 a-b는 '받는 사람'이, c-d는 '받는 물건'이 각각 화제화 되었다.
- '수여받는 사람'이 화제화되면 원래의 위치에 대명사로 복사해야 하나, '받는 물건'이 화제화되면 복사하지 않는다.
- 술어구의 동사는 두 개의 목적어를 가진다.

1.7.3. 심화 학습

[+수여]의 의미가 있는 동사의 간접목적어가 화제화된 경우는 원래 위치인 'O1'의 위치에 대명사로 복사한다. 따라서 아래의 a'와 b'처럼 해당 위치로 환원될 수 있다.

(1) a. 小王, 我通知他一件事。샤오왕에게는, 내가 그에게 한 가지 일을 통지했다.
　a'. 我通知小王一件事。나는 샤오왕에게 한 가지 일을 통지했다.
(2) a. 张老师, 我送了他一本书。장선생님에게는 말이지, 내가 그에게 책을 한 권 보냈다.
　a'. 我送了张老师一本书。나는 장선생님에게 책을 한 권 보냈다.

그러나 아래의 예를 보자.

(3) a. 花我还没给它浇水呢。 그 꽃에는 내가 아직 물을 주지 않았는데요.
　a' 我还没给花浇水呢。 나는 아직 그 꽃에 물을 주지 않았는데요.
(4) a. 孩子, 我还没给他穿衣服呢。아이에게는 내가 아직 옷을 입히지 않았는데요.
　a'. 我还没给孩子穿衣服呢。나는 아직 아이에게 옷을 입히지 않았는데요.

(3)a와 (4)a의 화제 '花'와 '孩子'는 전치사 '给'의 목적어였던 것이 화제화된 것이다. 즉 위의 (1)a와 (2)a와는 달리 부사어의 위치에서 문두로 이동한 것이다. 따라서 환원위치가 다르다.

1.7.4. 구문 연습

1) 다음 예문에서 '수여대상' 화제에 밑줄을 그으시오.

(1) 那个问题我问过王老师。
(2) 小李，我给他一本书。
(3) 这个消息他们通知我。
(4) 那一张卡片我寄给老师。
(5) 小李，我写给他我的电话号码。

2) 다음을 '수여대상 화제화구문' 의미에 어울리게 해석하시오.

(1) 结婚的我总送这个。
(2) 象棋我下不过老刘。
(3) 老李，我天天教他英语。
(4) 这个秘密我已经告诉他了。
(5) 那三个水果我每天早上给你们。

3) 주어진 어구를 써서 다음을 '수여대상 화제화구문'으로 작문하시오.

(1) 중국어는 내가 샤오리를 가르친다. [教小李]
(2) 샤오리에게는 말이지, 내가 그에게 중국어를 가르친다. [教汉语]
(3) 그 이천원은 내가 그에게 빌려주었다. [借]
(4) 아이에게는 내가 아직 (그에게) 옷을 입히지 않았다. [还没], [穿衣服]
(5) 샤오류에게는 샤오리가 (그녀에게) 목걸이 한 개를 사주었다. [买], [一条项链]

4) 연습문제 1)-2)의 각 예문을 다음 구문분석표에 적용시켜보자.

대상 화제 Topic		진술내용 Comment						부가성분 및 문장부호
NP1		NP2	술어구(VP)					
대주어 (S)		소주어 (S')	부가성분	동사/형용사	부가성분	O		
	+						+	

1.8. 사역대상 화제화구문

1.8.1. 기본구조

	대상 화제 Topic		진술내용 Comment								부가성분 및 문장부호
	NP1		NP2	술어구(VP)							
	대주어 (S)		소주어 (S')	부가 성분	V1 제1행위	겸어	부가 성분	V2 겸어의행위	O		
a	小李,	+	你们		请	他	早一些	来		+	吧。
b	小李,		我	不	让	他	替你	做			。
c	小李,		我		叫	他		带来	一本书		。
d	小李,		上司		派	他	到这儿	来			。
e	小李,		大家		选	他		当	代表		。
g	小李,		公司		要求	他		派	一个人		。

1.8.2. 구문의미와 구조특징

- 이 구문의미는 '사역대상인 '겸어'를 문두에 위치시켜 진술대상으로 삼음'이다.
- 술어 V1은 [+사동]의 동사로 충당된다.
- 겸어가 있던 원래 위치에는 화제화된 내용을 대명사로 반드시 복사해야 한다.

1.8.3. 구문 연습

1) 다음 예문에서 '사역 대상' 화제와 그 복사본에 밑줄을 그으시오.

(1) 小李，你们请他早一些来吧。　　(2) 老王，你应该劝他休息一会儿。

(3) 老王，我叫他带来一本书。　　(4) 小李，我不让他替你做。

(5) 曹植，曹丕叫他在七步内写一首诗。

2) 다음을 '사역대상 화제화 구문' 의미에 어울리게 해석하시오.

(1) 小李，上司派他到这儿来。　　(2) 小刘，你让她给我打个电话。

(3) 老王，老师鼓励他学好功课。　　(4) 老王，我劝他多出去活动活动。

(5) 小李，我们公司要求他派一个人。

3) 주어진 어구를 써서 다음을 '사역대상 화제화구문'으로 작문하시오.

(1) 샤오리는 오늘 우리가 그를 식사에 초대했다. [请他]，[吃饭]

(2) 샤오리는 말이지, 우리가 그를 대표로 뽑았다. [选他]，[当代表]

(3) 샤오리에게는 말이지, 당신이 그가 좀 쉬도록 권해야만 한다. [该劝他]，[休息]

(4) 라오장에게는 우리가 (그를) 상해로 파견하여 가게 했다. [派他]，[去上海]

(5) 샤오리에게는 말이지, 어머니가 그로 하여금 손님을 접대하도록 시키셨다. [让他]，[接待客人]

4) 연습문제 1)-2)의 각 예문을 다음 구문분석표에 적용시켜보자.

대상 화제 Topic		진술내용 Comment								부가성분 및 문장부호
NP1		NP2	술어구(VP)							
대주어 (S)		소주어 (S')	부가성분	V1 제1행위	겸어	부가성분	V2 겸어의 행위	O		
	+								+	

1.9. '인지/심리' 대상 화제화구문

1.9.1. 기본구조

	대상 화제 Topic		진술내용 Comment						부가성분 및 문장부호
	NP1		NP2	술어구(VP)					
	대주어 (S)		소주어 (S')	부가 성분	동사	부가 성분	O		
a	这件事	+	我		记得			+	。
b	这个字(啊),		我	不	认识				。
c	这件事		我		记	不清楚			。
d	这个英文句子,		我	不	懂				,
			他	也不	懂				。
e	他		我们	都很	羡慕				。
f	邓丽君的歌		我	特别	喜欢				。

1.9.2. 구문의미와 구조특징

- 이 구문의미는 '인지/지각/심리 대상을 문두에 위치시켜 진술대상으로 삼음'이다.
- 화제는 '인지/지각/심리'의 대상으로, 목적어의 위치에서 이동한 명사구이다.
- 술어구의 중심은 '인지·지각/심리' 활동을 나타내는 동사로 충당된다.
- a-d는 '인지/지각' 대상이 화제화한 경우이고, e-f는 '심리' 대상이 화제화한 경우이다.

1.9.3. 심화 학습

'인지/지각' 대상 화제화 구문 중 비교적 복잡한 다음 예문을 보자.

a. 小张, 这件事, 我认为办不了。
   샤오장은, 이일에 있어서는, 내 보기에 처리하지 못할 것 같다.
a'. 我认为小张办不了这件事。
   내 보기에 샤오장은 이일을 처리하지 못할 것 같다.

a는 화제화문형(TC)이고, a'는 타동사 술어문형(SVO)이다. 즉 a는 a'의 목적어절의 위치에 있던 '小张'과 '这件事'를 모두 화제화한 것이다.

1.9.4. 문형 연습

1) 다음 예문 에서 '인지/지각/심리' 대상 화제에 밑줄을 그으시오.

(1) 那个人，我认识。

(2) 小刘，小李非常爱她。

(3) 怎么上因特网我不知道。

(4) 小李的电话号码你知道吗?

(5) 中国人见面时怎样打招呼我还不太了解。

2) 다음을 '인지/지각/심리' 대상 화제화 구문의미에 어울리게 해석하시오.

(1) 这首曲子我很熟悉。

(2) 这里的人他都认识。

(3) 胡道长我是知道的。

(4) 这个英文句子真难，我不懂，他也不懂。

(5) 那棵树叶子大，所以我不喜欢。

3) 주어진 어구를 써서 다음을 '인지/지각/심리' 대상 화제화구문으로 작문하시오.

(1) 그 사람에 대해 난 잘 안다. [认识]

(2) 이 일은 내가 기억하고 있다. [记得]

(3) 이 글자는 말이야, 난 잘 모르겠는데. [认识]

(4) 어떻게 바꾸는지에 대해 우리는 모두 모른다. [怎么换]，[不知道]

(5) 이 일에 대해 나는 잘 기억하지 못한다. [记不清楚]

4) 연습문제 1)-2)의 각 예문을 다음 구문분석표에 적용시켜보자.

대상 화제 Topic		진술내용 Comment						부가성분 및 문장부호
NP1		NP2	술어구(VP)					
대주어 (S)		소주어 (S')	부가 성분	동사	부가 성분	O		
	+						+	

1.10. 지배대상 화제화구문

1.10.1. 기본구조

	대상 화제 Topic		진술내용 Comment						부가성분 및 문장부호
	NP1		NP2	술어구(VP)					
	대주어 (S)		소주어 (S')	부가성분	동사	부가성분	O		
a	那部电影	+	他		看	过		+	。
b	烤牛肉		我		吃	过一次			。
c	那本书		我	已经	买	了			。
d	您的信		我	已经	收	到			了。
e	电话		他		打通	了			。
f	这件事		我	来	办				吧。
g	两种点心		我	都	买	了			，
			他	没	买				。

1.10.2. 구문의미와 구조특징

- 이 구문의미는 '타동사의 지배대상(ⓒ受事)을 문두에 위치시켜 진술대상으로 삼음'이다.
- 화제는 목적어의 위치에서 이동한 명사구이다. 따라서 소위 'OSV'로 표시할 수 있는 전형적인 화제화 구문이다.
- 소주어(NP2)는 행위자이다.
- 술어구의 중심은 [+동작성]이 강한 동사로 충당된다.
- g는 하나의 화제 '两种点心'에 대해 두 개의 진술내용을 가진다.

1.10.3. 심화 학습

'지배대상 화제화구문'은 동사의 지배대상을 문두에 위치시켜 진술대상으로 삼는 구문이다. 이때는 지배대상 전부를 화제화시킬 수도 있고, 일부만을 화제화시킬 수도 있다.

(1) 牛奶你拿我们家的[∅]吧。우유는 당신이 우리집의 것을 가져가세요.
(2) 大门他已经把它上了锁了。대문은 그가 이미 (그것을) 열쇠를 채웠다.

(1)의 화제 '牛奶'는 지배대상의 일부이다. (2)의 화제 '大门'은 전치사 '把'에 의해 이미 동사 앞으로 이동한 명사구를 화제화한 경우이다. (2)의 경우는 이동전의 자리에 반드시 대명사로 해당 내용을 복사해야 한다.

1.10.4. 구문 연습

1) 다음 예문에서 '지배대상 화제'에 밑줄을 그으시오.

(1) 那本书我已经买了。

(2) 这件衣服我买了八年了。

(3) 会议他们开了三个小时了。

(4) 这个问题我们正在进行讨论。

(5) 湿衣服你早一点挂出去晒晒。

2) 다음을 '지배대상 화제화' 구문의미에 어울리게 해석하시오.

(1) 早饭你上我家吃吧!

(2) 这件事你们必须加以解决。

(3) 地铁的广播我听得不太清楚。

(4) 大门他已经把它上了锁了。

(5) 足球发展的水平，我们可以从世界杯比赛中看到。

3) 주어진 어구를 써서 다음을 '지배대상 화제화구문'으로 작문하시오.

(1) 이런 종류의 사과는 그가 일찍이 먹어본 적이 있다. [苹果], [曾经]

(2) 베이징 오리구이는 내가 한 번 먹어본 적이 있다. [北京烤鸭], [一次]

(3) 《홍루몽》은 내가 이미 읽은 적이 있다. 《红楼梦》, [读过]

(4) 교통문제는 우리가 해결한다. [交通问题], [解决]

(5) 생선회는 장씨가 못 먹겠다고 말한다. [生鱼片], [不敢吃]

4) 연습문제 1)-2)의 각 예문을 다음 구문분석표에 적용시켜보자.

대상 화제 Topic		진술내용 Comment						부가성분 및 문장부호
NP1		NP2	술어구(VP)					
대주어 (S)		소주어 (S')	부가 성분	동사	부가 성분	O		
	+						+	

※ 팁: 복지구조(ⓒ复指结构/同位结构)도 화제화구문일까?

문두에 동일한 지시내용을 중복배열하는 소위 복지구조도 화제화구문의 일종이다. 다음 예를 보자.

(1) 他妹妹(NP1)小红(NP2)十四岁(VP)。
그의 여동생 소홍은 금년에 열네 살이다.
(2) 刚才进来的小伙子(NP1), 他(NP2)是先进工作者(VP)。
방금 들어온 사내, 그는 앞서가는 일꾼이다.
(3) 北京(NP1), 中国的首都(NP2), 是一个美丽的城市(VP)。
북경, 중국의 수도는 아름다운 도시이다.

이 구조 역시 '화제화 이중명사구문(NP1+NP2+VP)'의 예이다. 예에서 보듯 'NP1'과 'NP2'는 동일 지시대상이자 진술의 대상이다. 동일한 말을 여러 번 반복하는 것은 경제적이지 않다. 화자가 이러한 구조를 쓰는 이유는 'NP1'을 문두에 위치시켜 진술대상(화제)으로 삼고자 하는 의도가 개입된 것이라고 볼 수 있다.

2 제10문형: 객체대상 초점화문형(SFV)

본서는 '객체대상 초점화문형(SFV)'을 각 구문의미의 차이에 따라 '지배대상 초점화구문', '[+모두(all)] 의미 초점화구문', '[+대비] 의미 초점화구문'등 3개로 나눈다.

2.1. 지배대상 초점화구문

2.1.1. 기본구조

	NP1		NP2		VP(술어구)					부가성분 및 문장부호
	S 주어		F 지배대상		부가성분	동사	부가성분	O		
a	我		烈性酒		从来不	喝				。
b	我	+	饭菜	+	早	做	好		+	了。
c	他		北京话			说	得很好			。
d	他		这个数学题		都不会	做				。
e	他		英语			学	了三年			,
			∅		还没有	学	会			。

[∅는 생략표시]

2.1.2. 구문의미와 구조특징

- 이 구문의미는 '타동사의 지배 대상을 주어와 술어동사 사이로 이동시켜 초점화 함'이다.
- 이 구문의 구조는 'NP1(행위자ⓒ施事者)+NP2(지배대상,ⓒ受事者)+VP' 이다.
- 이 구문은 타동사 술어문형(SVO)에서 변형된 어순으로, 화자의 표현의도가 개입된 구문이다.
- 술어 부분이 복잡하다. 이는 초점화된 내용에 대한 설명이 구체적이어야 하기 때문이다.
- e는 복문구조로, 주절(두 번째 절)의 '英语'는 생략되었다.

2.1.3. 심화 학습

아래 두 문장에서 "这部电影"의 위치는 의미상 어떤 차이를 가져올까?

(1) 这部电影我看过, 他没看过。이 영화는 내가 본적이 있으나, 그는 못 봤다.

(2) 我这部电影看过, 他没看过。나는 이 영화만큼은(/조차) 본 적이 있으나, 그는 못 봤다.

'지배 대상'이 술어동사 앞으로 이동하는 현상에 대해, 吕叔湘(1946:449-452)은 '施事(S)+受事(O)+VP' 구조는 지배 대상을 강조하기 위한 구조라고 본다. 즉 이 명사구 앞에 강조를 표시하는 전치사 '连'이 있는 것처럼 해석되거나 '대비, 평행, 보편' 등의 특수한 '강조의 의미'를 가진다고 한다.

(3) 你怎么外套也不穿就跑出去了?
너는 왜 외투조차 안 입고 밖으로 나가려하니?
(4) 他呀, 天不怕, 地不怕, 只怕太太一声叫。
그 사람 말이야, 하늘도 안 무서워하고, 땅도 안 무서워하는데 다만 마누라가 꽥 소리지르는 것만 무서워해.
(5) 这十来个人, 从小儿什么话儿不说, 什么事儿不做?
이 여나믄 명의 사람들은 어려서부터 아무 말도 안하고, 아무 일도 안했다고?

한국어로 해석할 때는 잘 드러나지 않는 것 같지만, 'NP2'는 '초점적 표현'이므로 적절한 강조 조사를 부가하거나 강세(ⓒ重音) 등의 수단을 써서 표현해야 한다.

2.1.4. 구문 연습

1) 다음 예에서 '지배대상' 초점에 밑줄을 그으시오.

(1) 我礼物给他了。
(2) 刘兵词典没买。
(3) 小王荔枝吃过。
(4) 他火车没赶上。
(5) 我《红楼梦》读过了。

2) 다음을 '지배대상 초점화구문' 의미에 어울리게 해석하시오.

(1) 他做事很认真。
(2) 他那部电影看过。
(3) 我球赛倒看了不少。
(4) 他这句话都不会说。
(5) 你这事的后果别告诉小王。

3) 주어진 어구를 써서 다음을 '지배대상 초점화구문'으로 작문하시오.

(1) 나는 선물은 그에게 보냈다. [礼物], [给]
(2) 그는 일만큼은 아주 적극적이다. [工作], [积极]
(3) 나는 요리는 일찍이 끝마쳤다. [饭菜], [做好]
(4) 너는 이 일에 대해서만큼은 샤오왕에게 말하지 마. [这事], [别], [告诉]
(5) 그는 이 수학문제도 풀 줄 모른다. [数学题], [都], [做]

4) 연습문제 1)-2)의 각 예문을 다음 구문분석표에 적용시켜보자.

NP1		NP2		VP(술어구)					부가성분 및 문장부호
S 주어		F 지배대상		부가성분	동사	부가성분	O		
	+		+					+	

2.2. [+모두(all)] 의미 초점화구문

2.2.1. 기본구조

	NP1		NP2		VP(술어구)					부가성분 및 문장부호
	S 주어		F [+모두(all)]		부가성분	동사	부가성분	O		
a	我	+	哪儿	+	都不	去			+	。
b	他		一句话		也不	说				。
c	我		一个人		也不	认识				。
d	他		每个人		都不	喜欢				。
e	你		什么		都	做	得出来			。
f	咱们俩		谁		也	忘	不了	谁		。

2.2.2. 구문의미와 구조특징

- 이 구문의미는 '타동사의 지배대상을 주어와 술어동사 사이에 위치시켜 [+모두(all)]의 의미를 초점화 함'이다.
- 이 구문의 구조는 'NP1(시사자)+NP2([+모두(all)])+VP'이다.
- 'NP2([+모두(all)])'의 의미는 전체에 대한 부정에서 생긴다. 즉 수사 '一'를 쓰는 경우, 이는 '최소의미'에 대한 부정을 통한 최대의미의 확보이며, '都/也'등과의 의미결합을 통해 [+모두(all)]의 의미를 나타낸다.

2.2.3. 심화 학습

[+모두]의 의미특징을 드러내는 예문 중, 다음 예문은 술어 앞에 [+유생]의 행위자가 두 개이므로 중의성(ⓒ歧义性)이 있다. 다음 각각의 a, b 해석을 비교해보자.

(1) 他谁都赞成。
  a. 그는 누구라도[+모두(all)] 찬성한다.
  b. 그는(/를) 말이지, 누구라도 찬성한다.
(2) 我一个人也不认识。
  a. 나는 한 사람도[+모두(all)] 모른다.
  b. 나는(/를)말이지, 아무도 모른다.
(3) 他每个人都不喜欢。
  a. 그는 각 사람마다 [+모두(all)] 싫어한다.
  b. 그를 말이지, 각 사람들이 모두 싫어한다.
(4) 我妈, 谁家的孩子都爱。
  a. 우리 엄마는 누구네 집 애나[+모두(all)] 모두 사랑하신다.
  b. 우리 엄마는(/를)말이야, 누구네 집 애나 모두 사랑한다.

a는 [+모두(all)] 의미 초점화구문에 따른 해석이고, b는 문두명사 화제화구문에 따른 해석이다. 특히 (4)b의 경우는 동사의 높임형 '-시'로 두 구문의 의미 차이를 구분할 수 있다.

2.2.4. 구문 연습

1) 다음 예문에서 '[+모두(all)]'의 의미를 나타내는 초점에 밑줄을 그으시오.

(1) 他什么事都不知道。
(2) 他什么都做不出来。
(3) 我哪儿都不想去。
(4) 我什么东西都不想吃。
(5) 这个人什么活儿都不愿意做。

2) 다음을 '[+모두(all)] 의미 초점화구문' 의미에 어울리게 해석하시오.

(1) 他什么都知道。
(2) 这个人什么活儿都会干。
(3) 我什么地方都不想去。
(4) 他上海、杭州、南京都去过。
(5) 他每一件事情都交待得清清楚楚。

3) 주어진 어구를 써서 다음을 '[+모두(all)] 의미 초점화구문'으로 작문하시오.

(1) 그는 아무것도 모른다. [什么], [不懂]
(2) 그는 한 마디도 말하지 않는다. [一句话], [不说]
(3) 그는 한모금의 물조차 안 마신다. [一口水], [不喝]
(4) 당신은 어느 것이나 해낼 수 있다. [什么], [做得出来]
(5) 우리는 누구도 누구를 잊을 수 없다. [谁], [忘不了谁]

4) 연습문제 1)-2)의 각 예문을 다음 구문분석표에 적용시켜보자.

NP1		NP2		VP(술어구)					부가성분 및 문장부호
S 주어		F [+모두(all)]		부가 성분	동사	부가성분	O		
	+		+					+	

2.3. [+대비] 의미 초점화구문

2.3.1. 기본구조

	NP1		NP2		VP(술어구)					부가성분 및 문장부호
	S 주어		F [+대비]		부가성분	동사	부가성분	O		
a	我		作业			做	完			了，
			家务		也	做	完			了。
b	这个孩子	+	这	+	也不	吃			+	，
			那		也不	吃				。
c	小明		爸爸		不	怕				，
			妈妈		不	怕				，
			谁		都不	怕				。

2.3.2. 구문의미와 구조특징

- 이 구문의미는 '복문형식에서 (동일한) 타동사의 서로 다른 지배대상을 주어와 술어사이에 위치시켜 [-대비]의 의미를 초점화 함'이다.
- 이 구문은 복문구조, 즉 'NP1+NP2+VP, NP2+VP'이 상용된다.
- 이 구문에서 두 개 이상의 지배대상(NP2)은 평행적인 배열로써, 특히 [+대비] 강조 효과를 보인다.

2.3.3. 구문 연습

1) 다음 예에서 [+대비]를 나타내는 초점에 밑줄을 그으시오.

(1) 我今天不去，明天去。
(2) 我那本书读过，这本书没读过。
(3) 他饭吃完了，菜一点儿没动。
(4) 老李天不怕，地不怕，只怕爱人。
(5) 他数学不喜欢，英语非常喜欢。

2) 다음을 '[+대비] 의미 초점화' 구문의미에 어울리게 해석하시오.

(1) 他语文不喜欢，科学非常喜欢。
(2) 他汤喝完了，面条一点儿没动。
(3) 我饭想吃一点儿，酒一口都不想喝。
(4) 她可乐也没喝，汽水也没喝，只喝了一杯白开水。
(5) 他们家的孩子爹不像，妈不像，像隔壁的老刘。

3) 주어진 어구를 써서 다음을 '[+대비] 의미 초점화구문'으로 작문하시오.

(1) 샤오리는 이것도 안 먹으려 하고, 저것도 안 먹으려 한다. [小李], [不吃]
(2) 나는 샤오리는 만났으나, 샤오류는 못 만났다. [小李], [见], [小刘]
(3) 이 지역은 나는 와본 적이 있지만, 그는 못 와봤다. [这个地方], [来过]
(4) 나는 그 영화는 본 적이 있는데, 이 영화는 본 적이 없다.[那部电影], [看过]
(5) 나는 이 책은 안 볼래, 그 책은 보게 좀 빌려줘. [这本书], [借我看看]

4) 연습문제 1)-2)의 각 예문을 다음 구문분석표에 적용시켜보자.

NP1		NP2		VP(술어구)					부가성분 및 문장부호
S 주어		F [+대비]		부가성분	동사	부가성분	O		
	+		+					+	

맺음말

이상에서 중국어의 문형(ⓒ句型)을 10개로 나누고, 그에 소속된 구문(ⓒ句式)을 50개로 나누어 그 구문의미와 통사적 특징, 화용적 특징 등에 대하여 분석하였다. 이 책의 첫머리에 제시하였던 원칙을 다시 한 번 상기해 보자.

첫째, 본서는 현대중국어 문형을 기본문형(통사문형, ⓒ句法句型)과 응용문형(화용문형, ⓒ语用句型)의 두 가지로 나누었다. 전자에는 8개의 문형이 있으며, 이는 다시 37개의 구문으로 나뉜다. 후자에는 2개의 문형이 있으며, 이는 다시 13개의 구문으로 나뉜다.

둘째, 이 책에서 제시하는 문형 설정은 기본적으로 술어의 의미특성에 근거했다. 이러한 관점에서 Ⅱ장에서는 술어의 의미특성과 기능에 대해 비교적 자세히 살펴보았다. 또 문형과 구문에 대해 분류를 시도하였다. 이는 문형습득이 단순한 암기가 아니라 문형 구성에 대한 '이해'를 통해 다양한 문형을 '유추'하게 하기 위한 작업이었다. 결국, 술어는 문형을 구성하는 가장 본질적인 요소라 하겠다.

셋째, 이 책은 '구문의미'를 중시한다. 구문의미란 해당 구문을 통해 나타나는 기능적 의미이다. 예를 들어 같은 'SVO'문형이라 할지라도 이 속에는 총 5개의 구문이 속하며, 각각의 구문은 (주로 술어의 의미에 따라) 각각 다른 구문의미가 생긴다. 결국, 구문의미에 대한 이해는 일정한 의미전달을 위한 구체화고 표준화된 모델에 대한 이해라 하겠다.

넷째, 이 책은 독자들이 중국어의 '10개 문형'과 그에 딸린 '50개 구문'들의 구조와 의미를 충분히 깨칠 수 있도록 각 구문에 대해 '구문 분석표'를 제시하였다. 또 '구문 연습'을 통해 해당 구문에 대해 참신하고 실용성이 있는 많은 예문들을 제공하였다.

이 책이 중국어 문형과 구문의 연구와 학습에 관심이 있는 독자들에게 유용한 길잡이가 되길 기원한다.

제III장 '술어문형'과 구문

1.4. 구문 연습

1)

(1) [起]雾了。 (2) [下]霜了。
(3) [下]冰雹了。 (4) [出]星星了。
(5) [出]彩虹了。 (6) [结]冰柱了。

2)

(1) 날씨가 변했다. (2) 번개가 번쩍였다.
(3) 천둥이 쳤다. (4) 눈이 녹았다.
(5) 태풍이 불었다. (6) 이슬이 내렸다.

3)

(1) 出太阳了。 (2) 起风了。
(3) 长芽了。/发芽了。 (4) 涨水了。
(5) 起了沙尘暴。 (6) 结露珠了。

2.1.4. 구문 연습

1)

(1) 夏天<u>热</u>极了。 (2) 秋天天气最<u>好</u>。
(3) 四季很<u>分明</u>。 (4) 我的表很<u>准</u>。
(5) 我<u>累</u>死了。 (6) 中国的春节很<u>热闹</u>吗？

2)

(1) 나의 성적도 좋지만 그의 성적은 더 좋다. (2) 유치원의 아이들은 활발하고 귀엽다.
(3) 대기 오염은 아주 심각하다. (4) 중국요리는 좀 느끼하다.
(5) 귤 맛은 좀 시다. (6) 이 영화의 화질은 그다지 깨끗하지 않다.

3)

(1) 他太善良了。 (2) 我妹妹很可爱。
(3) 他的工作很忙。 (4) 秋天不冷也不热。
(5) 他们差点儿饿死了。 (6) 我们家庭很幸福。

2.2.4. 구문 연습

1)

[A] 비이합동사의 경우

(1) 他醒了。
(2) 他咳嗽了。
(3) 他感冒了。
(4) 小明病了。
(5) 你歇歇吧。
(6) 他们都失望了。
(7) 他们都激动了。
(8) 咱们旅行。
(9) 爷爷去世了。
(10) 弟弟出生了。

[B] 이합동사의 경우

(1) 他们洗澡了。
(2) 他们下课了。
(3) 我们明天要考试。
(4) 妈妈五点下班。
(5) 他失业了。
(6) 他们上当了。
(7) 他们俩离婚了。
(8) 房子着火了。
(9) 妈妈生气了。
(10) 我们放假了。

2)

(1) 그는 노래를 부르고 있습니다.
(2) 아빠는 출장을 가셨습니다.
(3) 나의 손이 저리다.
(4) 그들은 입원을 하였습니다.
(5) 사람들은 출근합니다.
(6) 엄마는 화를 냈습니다.
(7) 그들은 결혼을 하였습니다.
(8) 학생들은 하교했습니다.
(9) 나는 인터넷에서 서핑을 하였다.
(10) 어떤 노인이 갑자기 뛰어들어왔다.

3)

(1) 他们出去了。
(2) 你在哪儿工作?
(3) 你还在用功吧?
(4) 学生放学了。
(5) 他上网了。
(6) 他们吹牛了。
(7) 他发烧了。
(8) 护士打针了。
(9) 哥哥打架了。
(10) 他毕业了。

3.1.1.4. 구문 연습

1)

(1) 他[是]小李的男朋友。
(2) 你[是]我唯一的爱。
(3) 前边都[是]水。
(4) 树[是]植物，狗[是动]物。
(5) 食堂西边就[是]学生宿舍。

2)

(1) 그는 나의 친구이다.
(2) 오늘은 수요일이다.
(3) 낭비는 범죄이다.
(4) 그는 덜렁쟁이이다.
(5) 저는 여러분을 위해서이지, 나 자신을 위해서가 아닙니다.

3.1.2.4. 구문 연습

1)

(1) 他很[有]水平。
(2) 一年[有]四季。
(3) 电脑里[有]我上课的资料。
(4) 小李[有]有很多中文杂志。
(5) 那边[有]练太极剑的，[有]打太极拳的，还[有]练气功的。

2)

(1) 나는 저녁에 일이 있습니다.
(2) 코끼리는 긴 코를 가지고 있다.
(3) 그는 일에 있어 매우 수단이 있다.
(4) 백화점 앞에는 많은 사람들이 있다.
(5) 농공업생산은 큰 발전이 있게 되었다.

3.1.3.4. 구문연습

1)

(1) 我家[在]釜山。
(2) 你永远[在]我心里。
(3) 他[姓]王。
(4) 我[属]龙。
(5) 二除六[等于]三。

2)

(1) 他现在在办公室。
(2) 我姓李，名字叫恩惠。
(3) 他很像妈妈。
(4) 他属老虎。
(5) 四加十等于十四。

3.2.4. 구문 연습

1)

(1) 我喜欢她老实。

(2) 我希望您会喜欢。

(3) 我们不知道怎么换。

(4) 我觉得长城又雄壮又美丽。

(5) 人们一般认为足球运动诞生在英国的一家小饭店里。

2)

(1) 그는 내가 (그에게) 이일을 처리해주지 않은 것을 원망한다.

(2) 학생 여러분 이번 중국여행은 어떻다고 생각되나요?

(3) 저는 중국인들이 만났을 때 어떻게 인사하는지 아직 잘 이해하지 못합니다.

(4) 우리들은 지구에 본래 얼마나 많은 종류의 생물이 있었는지 아직 확실하게 알지는 못합니다.

(5) 나는 한중 양국의 이들 젊은 남녀들이 장래에 반드시 한중 양국의 경제교류를 촉진할 것이라고 생각합니다.

3)

(1) 你知道小李的电话号码吗?

(2) 我感谢你告诉了我这个消息。

(3) 你别忘了明天去长城。

(4) 我不知道怎么上因特网。

(5) 我差点儿忘记告诉你了。

3.3.4. 구문 연습

1)

(1) 我[读]过三国演义。

(2) 我[吃]了一个面包。

(3) 他们一起[喝]咖啡。

(4) 我们[观看]文艺表演。

(5) 他[参加]汉语水平考试了。

2)

(1) 그들은 축구를 하고 있습니다.

(2) 그들은 사진을 좀 찍고 있습니다.

(3) 우리 함께 수업내용을 복습하자.

(4) 중국 사람들은 언제 자전거를 탑니까?

(5) 밍구어는 천천히 자판기와 마우스를 사용하였다.

3)

(1) 我现在在吃饭呢。

(2) 你现在在做什么？

(3) 你们一定要复习学习的地方。

(4) 我还没收到你发来的信。

(5) 我们在观看世界杯足球比赛。

3.4.4. 구문 연습

1)

(1) 我[去]公园。
(2) 他[上]楼了。
(3) 我[回]家了。
(4) 他怎么[过]黄河的？
(5) 我去年一月[离开]北京。

2)

(1) 새가 나뭇가지로 날아 올라갔다.
(2) 아버지는 천천히 계단으로 걸어 올라가셨다.
(3) 그들은 목적지에 도달하였다.
(4) 애드벌룬이 하늘로 올라갔다.
(5) 우리는 현재 하나의 새로운 세계로 진입할 수 있다.

3)

(1) 他进电梯了。
(2) 那我们去南大门市场吧。
(3) 您什么时候来韩国的?
(4) 老师走出了办公室。
(5) 飞机下降到地面了。

3.5.1.4. 구문 연습

1)

(1) 车里<u>坐着</u>三位客人。
(2) 主席团<u>坐在</u>台上。
(3) 电脑里<u>放着</u>重要的资料。
(4) 有一只猫<u>蹲在</u>炕头上。

2)

(1) 자동차에는 광고 하나가 씌어져 있다.
(2) 입에는 틀니가 끼워져 있다.
(3) 아랫목에는 고양이 한 마리가 쪼그리고 있다.
(4) 눈에는 가짜 눈썹이 붙여져 있다.

3)

(1) 门口躺着一条狗。
(2) 桌子上放着一本杂志。
(3) 台上坐着主席团。
(4) 脖子上挂着一条项链。

3.5.2.4. 구문 연습

1)

(1) 有一个人[来到]家里。

(2) 有一幅画儿[挂在]墙上。

(3) 他们[从首尔]来了。

(4) 他们[由轮船上]下去了。

2)

(1) 어제는 어떤 한 손님이 왔다.

(2) 벽에서는 그림 한 장을 떼었다.

(3) 바다에서는 밝은 달이 떠올랐다.

(4) 정원에는 물푸레나무가 한 그루 자라고 있다.

3)

(1) 桌子上有了一本杂志。

(2) 墙上贴了一幅画儿。

(3) 中国四川发生了大地震。

(4) 办公室里丢了一本书了。

4.1.3. 구문 연습

1)

(1) 他们[休息]十天了。

(2) 他们[玩]了两个小时了。

(3) 爸爸[工作]了一个星期了。

(4) 我们[聊]了半天了。

(5) 我们打篮球[打]了三个小时了。

2)

(1) 그는 한참 동안 소설을 읽었다.

(2) 샤오리는 밤새 잠을 못 잤다.

(3) 나는 여기서 한 달 동안 머물렀다.

(4) 그 아이는 하루 종일 열이 났다.

(5) 이 문제는 우리가 이미 반년 동안 연구하였다.

3)

(1) 他睡了一整天。

(2) 他看了一个小时电视。

(3) 他们汉语学了两年了。

(4) 他们交往四年了。

(5) 我们找了两个小时了。

4.2.4. 구문 연습

1)

(1) 小狗[死]了两天了。

(2) 我[来]中国半年多了。

(3) 他们[结婚]好几年了。

(4) 他[毕业]两年半了。

(5) 我的电脑[坏]了一个星期了。

2)

(1) 그는 입원한지 5일이 되었다.

(2) 어머니는 퇴직하신지 이년 반이 되었다.

(3) 아들이 태어난지 하루가 되었다.

(4) 샤오왕은 돌아온지 하루가 되었다.

(5) 비행기는 이륙한지 세 시간이 지났다.

3)

(1) 我们认识很久了。

(2) 我们到了十分钟了。

(3) 金先生回国一年了。

(4) 我丢了钱包两天了。

(5) 这家店开业快半年了。

5.1.4. 구문 연습

1)

(1) 金老师[教]我们汉语。

(2) 我[送]她一个大娃娃。

(3) 他们[通知]我这个消息。

(4) 我[介绍给]你一本小说。

(5) 我每天早上[给]你们三个水果。

2)

(1) 나는 그에게 책 한 권을 준다.

(2) 나는 그에게 방 한 칸을 세주었다.

(3) 그는 나에게 이것은 약이라고 말해주었다.

(4) 나는 선생님에게 카드 한 장을 보내드렸다.

(5) 남친이 나에게 연인의 날 선물을 보내었다.

3)

(1) 我借给他两千块钱。

(2) 我发给他一条短讯。

(3) 我告诉他一个秘密了。

(4) 我写给他我的电话号码。

(5) 我卖给她一条项链。

5.2.4. 구문 연습

1)

(1) 她[拿]了我一本书。
(2) 我[花]了爸爸很多钱。
(3) 烟[偷]走了他健康。
(4) 他们[抄]了我两道题。
(5) 我[求]了她一个吻。
(6) 他们[拜托]我一件事。

2)

(1) 나는 그에게서 2천원을 걷었다.
(2) 좀도둑이 내 지갑을 털어갔다.
(3) 그들은 나에게 한 가지 일을 애걸했다.
(4) 나는 그에게 길을 어떻게 가야하는지를 물었다.
(5) 나는 그의 과일주스 한 잔을 마셨다.
(6) 그들은 선생님에게 의견을 구했다.

3)

(1) 我问老师一个问题。
(2) 她索我一个吻。
(3) 她们[骗]了我们一千块钱。
(4) 我[赚]了他很多钱。
(5) 他们要我一笔钱。

5.3.3. 구문 연습

1)

(1) 大家[叫]我大哥。
(2) 同学们[称]她仙女。
(3) 妈妈[喊]我宝贝。
(4) 我们[称呼]他王师傅。
(5) 人们[尊称]杜甫诗圣。

2)

(1) 그들은 모두 나를 김형이라고 부른다.
(2) 그들은 그녀를 언니라고 부른다.
(3) 중국은 고속기차를 "동처"라고 칭한다.
(4) 과학자들은 그것을 명왕성이라고 명명했다.
(5) 우리는 그를 예술계의 큰 선생님이라고 존칭한다.

3)

(1) 小王叫我老师。
(2) 大家称他劳动模范。
(3) 她喊我哥哥。
(4) 同学都称小王"万事通/百事通"。
(5) 白头山,中国人叫它长白山。

6.1.4. 구문 연습

1)

(1) 他们也[请]我吃饭什么的。 (2) 他们常常[请]我到他们家玩儿。
(3) 你[让]她给我打个电话。 (4) 我让那儿附近的车过去。
(5) 这事[使]他们觉得活着有意思。

2)

(1) 당신은 내가 안심하지 못하도록 하는군요!
(2) 나는 그에게 자주 나가 활동 좀 하라고 충고한다.
(3) 우리는 그를 파견하여 상하이로 가도록 했다.
(4) 조비는 조식으로 하여금 일곱 걸음 안에 시 한 수를 짓게 했다.
(5) 오늘 리화의 아빠와 엄마는 우리를 초청해 식사하도록 하셨다.

3)

(1) 今天我们请你吃饭。 (2) 老师叫你交笔记本。
(3) 大家选他当代表。 (4) 你应该劝他们休息一会儿。
(5) 国家要求每家都派一个男人。

6.2.4. 구문 연습

1)

(1) 我[收]他做徒弟。 (2) 他[怪]我不早说。
(3) 他[写]了个剧本只有三个人物。 (4) 他[有]一个妹妹在北京读大学。

2)

(1) 나는 그를 제자로 받아준다.
(2) 그는 내가 일찍 말하지 않는 것을 탓한다.
(3) 그는 단지 3인의 인물이 있는 극본을 썼다.
(4) 그는 북경에서 대학을 다니는 여동생이 있다.

7.1.4. 구문 연습

1)

(1) 你[洗]手[吃]饭吧。
(2) 你[脱]外衣[睡觉]吧。
(3) 我[帮]你[打扫]房间。
(4) 他[穿]上新买的衣服[出去]了。
(5) 小王[吃]了丰盛的晚餐[幸福]极了。

2)

(1) 우리는 저녁을 먹고 시내구경을 한다.
(2) 나는 숙제를 하다가 질렸다.
(3) 우리는 그 말을 듣고 매우 기뻤다.
(4) 그녀는 전화를 걸어서 화물 발송 시간을 물었다.
(5) 우리가 인터넷에 접속하면 하나의 새로운 세계에 들어갈 수 있다.

3)

(1) 他们开完会吃饭去了。
(2) 小孩子们听完故事笑起来了。
(3) 大家都有权利说自己的意见。
(4) 这件事得靠群众自己去解决。
(5) 你们学习汉语可以跟中国朋友交谈。

7.2.4. 구문 연습

1)

(1) 我[去]操场[踢]足球。
(2) 妈妈[去]医院[看病]。
(3) 我[上]面包店[买]面包。
(4) 我[去]音乐厅[听]歌剧。
(5) 小王[回]老家[探亲]。

2)

(1) 그는 윈난으로 여행하러 간다.
(2) 나는 저금하러 은행에 간다.
(3) 나는 책을 반납하러 도서관에 간다.
(4) 그녀는 내일 출장으로 베이징에 간다.
(5) 그는 영어를 배우려고 영어학원에 등록한다.

3)

(1) 我去银行取钱。
(2) 她去中国学习汉语。
(3) 小李去图书馆借书。
(4) 我们去超市买水果。
(5) 我找朋友参加聚会。

7.3.4. 구문 연습

1)

(1) 我[走着]去学校。
(2) 她[坐]火车去釜山。
(3) 我[骑]自行车逛街。
(4) 他们[执]钢鞭打人。
(5) 他们[坐]汽车去北京。

2)

(1) 샤오리는 걸어서 슈퍼마켓에 갔다.
(2) 나는 배를 타고 귀국하려 한다.
(3) 나는 기차를 타고 그들에게로 갔다.
(4) 그녀는 젓가락을 가져다가 밥을 먹는다.
(5) 우리는 좀 전에 택시를 잡아타고 여기에 왔습니다.

3)

(1) 他们走着去小公园了。
(2) 他每天坐地铁来上课。
(3) 他每次都坐飞机出差。
(4) 明天我们开车去上海吧。
(5) 他们乘小船去了一个小岛。

7.4.4. 구문 연습

1)

(1) 他[拽着]我的手[不放]。
(2) 他[追着]我[不放]。
(3) 她[拉住]我的衣服[不放]。
(4) 爸爸[忍住]脾气[不发]。
(5) 警察[抓住]小偷[不放]。

2)

(1) 그는 힘껏 나를 잡고 놓아주지 않는다.
(2) 그녀는 나의 책가방을 꽉 잡고 놓아주지 않는다.
(3) 그는 수건(의 물기를)을 짜면서 놓지 않는다.
(4) 곰은 그의 다리를 물고 놓지 않는다.
(5) 그는 나의 물건을 빼앗아가고 돌려주지 않는다.

3)

(1) 奶奶握住我的手不放。
(2) 他抱住我不松开。
(3) 小狗咬住小偷的腿不放。
(4) 她抓住我的头发不松开。
(5) 他抓住我的把柄不放。

7.5.4. 구문 연습

1)

(1) 他[趴着]看书。

(2) 他总是[躺着]看书。

(3) 她[坐着]听音乐。

(4) 小王[抬着]头说话。

(5) 他们[喝着]咖啡聊天儿。

2)

(1) 그녀는 다리를 꼬고 책을 읽는다.

(2) 그들은 웃으면서 서로 인사한다.

(3) 여동생은 머리를 쳐들고 별을 센다.

(4) 그는 눈을 부릅뜨고 큰소리로 말한다.

(5) 샤오왕은 눈을 감고 옛일을 생각한다.

3)

(1) 他躺着看电视。

(2) 演员在站着唱歌。

(3) 她笑着脸接电话。

(4) 他唱着歌走进教室来了。

(5) 小王慢慢散着步回忆往事。

1.1.4. 구문 연습

1)

(1) 他快把空调关上。

(2) 你把这些钱带着吧。

(3) 我把这本小说看完了。

(4) 他把这房间收拾干净。

(5) 他们把这些事也不放在心上。

(6) 你爸爸把那些照片打印出来。

2)

(1) 너는 빨리 옷을 입어라.

(2) 너는 이 돈을 지니고 있다가 아껴 써라.

(3) 왕 선생님은 우리를 여러 사람들에게 소개하신다.

(4) 사람들은 종종 총명한 사람을 제갈량에 비유한다.

(5) 어제 왕후징의 몇몇 옷가게를 모두 다 돌아보았다.

(6) 이 때문에 사람들은 이날을 현대축구의 탄생일로 정하였다.

3)

(1) 他把那个杯子打破了。

(2) 我把钱全花完了。

(3) 他们把美元都换成人民币。

(4) 他把韩国的《春香传》翻译成中文。

(5) 中国人[把]过春节叫做“过年”。

(6) 大家就把这一天定为现代足球的诞生日。

1.2.4. 구문 연습

1)

(1) 妈妈[被]她说服了。

(2) 衣服[被]雨水淋透了。

(3) 我的钱[被]骗子骗走了。

(4) 小金昨天[被]妈妈骂了一顿。

(5) 她[被][∅]称为今年的“韩国小姐”。

(6) 牺牲的警察[被]国家认定为“见义勇为”。

2)

(1) 그의 의견은 부결되었다.

(2) 그의 소설은 영화화되었다.

(3) 모두들 이번 비로 인해 발이 묶였다.

(4) 그 좀도둑은 경찰에 의해 연행되었다.

(5) 그녀는 사람들에 의해 한참동안이나 웃음거리가 되었다.

(6) 만약 네가 이 영화를 보았다면, 너는 그 영화에 매료되었을 것이다.

(7) 강당 안의 사람들은 모두 매우 열정적인 강연에 의해 깊이 빠져들었다.

3)

(1) 他被开除了。 (2) 那本书还没被借走。
(3) 人生常常被比喻为航海。 (4) 小李被学校开除学籍了。
(5) 小李差点儿被车撞倒。 (6) 您不要被他的谎言所欺骗。
(7) 我们不能总是被他们的花言巧语所迷惑。

1.3.4. 구문 연습

1)

(1) 行程[由]我们来定。 (2) 这件事[由]我们来处理。
(3) 下午的会议[由]金老师主持。 (4) 树叶形状[由]自然环境决定。
(5) 2008年奥运会[由]中国北京承办的。

2)

(1) 모임 장소는 선생님이 정하신다. (2) 오늘 이 식사는 내가 낼게.
(3) 이번 활동은 우리가 기획한다. (4) 운명은 반드시 스스로가 장악해야 한다.
(5) 연회비용은 우리회사가 맡는다.

3)

(1) 护照由旅行社办理。 (2) 什么时候去由我们定。
(3) 这件事只能由你来决定。 (4) 这本书由北京大学出版社出版。
(5) 2010年G20峰会由韩国主办的。

1.4.1.4. 구문 연습

1)

(1) 他的头发比我短。 (2) 牛肉比猪肉好吃吗？
(3) 他比我早来五分钟。 (4) 今天的晚餐比昨天更丰盛。
(5) 这次汉语水平考试比上次难多了。

2)

(1) 우리 오빠는 너보다 훨씬 잘 생겼다. (2) 나는 예전에 그녀보다 크지 않았었다.
(3) 그의 시험성적은 매 번 좋아진다. (4) 샤오왕은 중고등학교 때보다 많이 예뻐졌다.
(5) 그의 아들은 나의 아들보다 나이가 두 살 많다.

3)

(1) 今天不比昨天更热。 (2) 姐姐比哥哥大一点儿。
(3) 我比他早来韩国三年。 (4) 你比我大，你比他小。
(4) 我们学到的词汇一天比一天多了。

1.4.2.4. 구문 연습

1)

(1) 我[跟小李]一样高。
(2) 这个湖[跟那个湖]一样深。
(3) 你的[跟这种]差不多吗?
(4) 我要买一本[跟他那本]一样的词典。
(5) 我[跟他们]一样想去北京留学。

2)

(1) 여기는 베이징의 류리창과 비슷하다.
(2) 나의 견해는 너의 견해와 같지 않다.
(3) 그의 수준은 이전의 수준과 비슷하다.
(3) 이번 성적은 지난번의 성적과 마찬가지로 좋다.
(4) 왕선생님이 말씀하신 것과 내가 생각한 것은 비슷하다.

(3)

(1) 我跟小李一样高。
(2) 他跑的速度跟你一样快。
(3) 北京的天气跟首尔差不多。
(4) 他的爱好跟我的爱好差不多。
(5) 爸爸的爱跟妈妈的爱一样伟大。

1.4.3.4. 구문 연습

1)

(1) 他[像]他爸爸。
(2) 他不[像]他哥哥那么细心。
(3) 小李[像]电影明星那么漂亮。

2)

(1) 이 군은 아주 기자 같다.
(2) 그는 그의 형처럼 그렇게 성실하지 못하다.
(3) 우리의 만남은 동화의 스토리처럼 그렇게 낭만적이다.

3)

(1) 他很像一个演员。
(2) 他像英雄一样那么勇敢。
(3) 他的脾气不像你那么好。

[참고] 동사 '(没)有'를 쓰는 비교구문

3. 구문 연습

1)

(1) 他没有<u>你</u>厉害。 (2) 他的汉语没有<u>你</u>那么标准。

(3) 他做的没有<u>你说的</u>那么好。

2)

(1) 부산의 겨울은 서울만큼 춥지 않다.

(2) 그 고양이는 이 고양이만큼이나 쥐를 잘 잡지 못한다.

(3) 그의 모습은 예전처럼 그렇게 활력이 있지 않다.

3)

(1) 这间屋子没有那间那么大。 (2) 这种电脑没有那种(电脑)好。

(3) 我没有她那么灵活。

[참고] 동사 '不如'를 쓰는 비교구문

4. 구문 연습

1)

(1) 这个湖不如<u>那个湖</u>那么深。 (2) 我念得不如<u>他</u>流利。

(3) 语文成绩不如<u>数学</u>那么好。

2)

(1) 당신이 오는 것이 내가 가는 것만 못하다.

(2) 샤오리는 동생처럼 능력적이지 못하다.

(3) 늦게 자고 늦게 일어나는 것은 일찍 자고 일찍 일어나는 것만 못하다.

3)

(1) 我不如他。 (2) 你的看法不如他的看法。

(3) 我的英语发音不如你那么标准。

1.5.4. 구문 연습

1)

(1) 他每天和女朋友打电话。
(2) 明天我要和他一起去长城。
(3) 我和老师商量了一些问题。
(4) 他与父亲相见已经两年了。
(5) 小王正在和刘老师讨论问题。

2)

(1) 샤오리는 어제 샤오핑과 만났다.
(2) 주인은 자주 손님과 한담을 한다.
(3) 그 회사는 우리 회사와 사업 왕래가 있습니다.
(4) 여자들이 하는 일은 남자들이 하는 일과 분명히 나누어져 있나요?
(5) 엄마는 나의 성적을 옆집 아이의 성적에 비교한다.

3)

(1) 我已经跟他说好了。
(2) 我经常跟他一起吃饭。
(3) 他和小李的妹妹谈恋爱。
(4) 那个学生的答案跟正确答案接近。
(5) 金钱，名誉都不能跟爱情相比较。

1.6.1.4. 구문 연습

1)

(1) 会议将在明天召开。
(2) 面包在昨天买好了。
(3) 你们在什么时候去中国？
(4) 我打算在生日那天去旅游。
(5) 我在生病的时候特别想你。

2)

(1) 문건은 언제 보내오나요?
(2) 우리는 다섯 시 반에 만나기로 약속했다.
(3) 엄마는 주방에 있을 때 수다를 떠신다.
(4) 우리들은 방학한 후에 여행하러 출국한다.
(5) 그들 둘은 한국에서 유학할 때 (서로) 알았다.

3)

(1) 他们在后天才能到。
(2) 小李的儿子在去年出生了。
(3) 我在你来之前写完课外练习。
(4) 他在地震的时候失去了一条腿。
(5) 妹妹在初中二年级的那一年迷上了班级里的帅哥。

1.6.2.4. 구문 연습

1)

(1) 我从小喜欢音乐。

(2) 他从今天开始准备期末考试。

(3) 我们打算从下学期开始学习古汉语。

(4) 我们学校从周三休息到下周一。

(5) 小王从刚生下来的时候脸上就有一颗痣。

2)

(1) 눈은 어제 저녁부터 내리기 시작했다.

(2) 우리들은 오늘부터 체중감량을 시작합시다.

(3) 이것은 정부가 올해 1월부터 실시하기 시작했다.

(4) 그는 한 시간 전부터 울기 시작해서 지금까지 운다.

(5) 이 폭우는 어제 시작해서 줄곧 이틀동안 내렸다.

3)

(1) 今年寒假从12月20号开始。

(2) 你们俩从什么时候开始交往？

(3) 天气从昨天开始变暖了。

(4) 会议从星期一改成了星期三。

(5) 沙尘暴从中午一直持续到傍晚。

1.7.1.4. 구문 연습

1)

(1) 妈妈在厨房做饭。

(2) 2008年奥运会在北京举行。

(3) 我们在那个地铁站前面集合。

(4) 小李在回家的路上碰见了小刘。

(5) 他在遥远的地方等待你的归还。

2)

(1) 그들은 운동동장에서 달리기를 한다.

(2) 나의 대학생활은 중국에서 지냈다.

(3) 우리들은 학교 문앞에서 만나기로 결정했다.

(4) 우리나라 속담에 “열 길 물속은 알아도 한 길 사람 속은 모른다”고 한다.

(5) 샤오리와 우리들은 한국에서 찍은 한국에서 찍은 사진 한 장도 벽에 걸어두었다.

3)

(1) 他在体育馆学游泳。

(2) 他们在济州岛度蜜月。

(3) 小李在学校图书馆看书。

(4) 咱们在学校食堂吃饭吧。

(5) 小李在上学的路上碰见了小刘。

1.7.2.3. 구문 연습

1)

(1) 佛教从印度传到中国。 (2) 从我家到学校要十分钟。

(3) 这趟列车由北京开往到上海。 (4) 我们由仁川机场转机去欧洲。

(5) 我经常从因特网得到很多信息。

2)

(1) 나는 자주 골목길로 해서 집에 돌아간다.

(2) 엄마는 주방에서 요리를 받쳐들고 오셨다.

(3) 나는 자주 책에서 많은 이치를 깨닫곤 한다.

(4) 그는 이 사건으로부터 커다란 교훈을 얻었다.

(5) 우리들은 오전 10시에 서울에서 출발하여, 두 시간의 비행을 거쳐 베이징에 도착했다.

3)

(1) 他们从家里出发。 (2) 我从10层爬上20层。

(3) 我从图书馆借到很多书。 (4) 他们从釜山过来参加婚礼。

(5) 这泡菜是由韩国进口到中国的。

1.7.3.4. 구문 연습

1)

(1) 他向我点头微笑。 (2) 我们要多向他学习。

(3) 汽车往北开过去了。 (4) 去友谊商场往哪儿走好？

(5) 他们朝我们挥了挥手。

2)

(1) 그는 나에게 결백함을 표했다.

(2) 그는 여러 대학에 지원서를 보냈다.

(3) 당신은 먼저 좌회전한 후에, 다시 우회전하세요.

(4) 그는 400미터 계주의 결승점을 향해 뛰었다.

(5) 그들은 나를 향해 한참동안 손을 흔들었다.

3)

(1) 我们向21世纪前进。 (2) 他先往后退了一步。

(3) 我向一个不认识的人打招呼。 (4) 你一直往前走就到北京大学。

(5) 他们朝我挥手， 我朝他们点头。

1.7.4.3. 구문 연습

1)

(1) 他们沿着海边走着。
(2) 你沿着马路往前走吧。
(3) 你沿着红色的标志牌前进。
(4) 我沿着路灯一个人走回家。
(5) 他们由长安街来到了南京路。

2)

(1) 우리는 호숫가를 따라 산보한다.
(2) 그들은 큰길을 따라 식사할 곳을 찾아보았다.
(3) 경찰은 단서를 따라 의심스런 부분에 대해 추적조사를 한다.
(4) 학생들은 앞의 엘리베이터를 타고 올라가세요.
(5) 샤오리는 왔던 길을 되짚어 잃어버린 지갑을 찾아보았다.

3)

(1) 咱们沿着这条路开车吧。
(2) 我们沿着林荫小道散步吧。
(3) 我沿着他的足迹慢慢向前走。
(4) 结论由讨论中得出。
(5) 我们由后门离开了教室。

1.7.5.4. 구문 연습

1)

(1) 你家离超市远吗？
(2) 山东离韩国很近。
(3) 图书馆离学生食堂很近。
(4) 离你生日还有多长时间？

2)

(1) 우리 집은 그의 집에서 아주 가깝다.
(2) 우리 여기는 기차역에서 그다지 멀지 않다.
(3) 칭장고원은 동북지방에서 아주 멀다.
(4) 우리 집은 그의 집에서 1km이다.

3)

(1) 你家离学校多远？
(2) 我家离地铁站很近。
(3) 这里离车站不太远。
(4) 釜山离首尔有多远？

1.8.3. 구문 연습

1)

(1) 我因晚睡迟到了。
(2) 老板因出差不能来。
(3) 大家都为这件事高兴。
(4) 小李因故常年呆在家里。
(5) 他因考试没考好被妈妈教训了。

2)

(1) 나는 면접시험 때문에 수업에 들어갈 수 없다.
(2) 그녀들은 우상 때문에 열광한다.
(3) 그는 늦어서 선생님한테 벌섰다.
(4) 그는 부상으로 이번 시합에 빠졌다.
(5) 나는 면접시험에 가야했기 때문에 학교에 돌아와 수업에 들어갈 수가 없었다.

3)

(1) 他因车祸住院了。
(2) 他因病向老师请假了。
(3) 别因小事伤心情。
(4) 这次会议由于暴雨取消了。
(5) 他们由于相互不信任而分手了。

1.9.4. 구문 연습

1)

(1) 大家为幸福奋斗一生。
(2) 学生们为了好成绩而努力学习。
(3) 我要为实现我的理想而努力。
(4) 大家一起为水灾的群众祈祷吧。

2)

(1) 부모님들은 자녀들을 위해 바쁘시다.
(2) 그는 우승을 위하여 죽을 힘을 다해 노력한다.
(3) 우리들은 함께 이상을 위해 분투한다.
(4) 그들은 국가를 위해 자신들을 희생했다.

3)

(1) 我们为目标共同努力。
(2) 我们为和平而干杯吧。
(3) 我们为梦想而奋斗吧。
(4) 我们为了明天要好好学习。

1.10.4. 구문 연습

1)

(1) 大家都按照我说的办。 (2) 职员按顾客的要求处理。
(3) 请按号码牌办理相关手续。 (4) 他按颜色把衣服分类整理好了。
(5) 公司根据业绩的高低给予奖金和奖励。

2)

(1) 그러면 당신이 말하는 대로 사지.
(2) 사람의 몸은 각종 세포로 이루어진다.
(3) 이 대표단은 운동선수와 심판으로 구성된다.
(4) 경찰은 목격자가 제공한 단서에 근거해 안건을 처리한다.
(5) 우리 상품의 구체적인 상황에 근거하여, 우리들은 텔레비전에서 방송하는 것이 좋다고 봅니다.

3)

(1) 这件事按规定处理。 (2) 请按顺序排队入场。
(3) 我按要求完成了报告。 (4) 我们根据课文的内容填空。
(5) 老师根据学生的成绩给予奖励。

1.11.3. 구문 연습

1)

(1) 他给我买了礼物。 (2) 爸爸给我寄了钱来。
(3) 我给大家做一下自我介绍。 (4) 老师给小朋友们照了一张照片。
(5) 他们给孤儿院的孩子送去了很多衣服。

2)

(1) 할아버지는 손자에게 이름을 지어주셨다.
(2) 어머니는 나에게 많은 맛있는 것들을 보내셨다.
(3) 그는 요 며칠간 나에게 전화하지 않았다.
(4) 그는 나에게 여기의 상황을 소개했다.
(5) 텔레비전 방송국은 여러 사람들에게 최신 소식을 방송했다.

3)

(1) 我给他发了条短信。 (2) 他给我买了一台新电话。
(3) 老师给学生布置了作业。 (4) 他给我介绍了一个男朋友。
(5) 她爸爸给我介绍了很多韩国的情况。

1.12.4. 구문 연습

1)

(1) 学校除了足球场还有网球场。 (2) 他除了看电影以外没有别的爱好。

(3) 他除了性格坏点之外也没有什么缺点。 (4) 这个学期除了专业课以外还有第二专业的课。

2)

(1) 내가 너를 사랑하는 것 말고 누구를 더 사랑할 수 있겠어?

(2) 나는 너 이외에 믿을만한 사람이 없다.

(3) 우리 반에는 나이 외에 한국 사람이 하나도 없다.

(4) 인생에는 공부하는 것 이외에 많은 의미 있는 일들이 있다.

3)

(1) 他除了没钱什么都有。 (2) 我除了你再没有其他朋友。

(3) 我除了会洗衣服还会做饭。 (4) 教室里除了李老师以外还有王主任。

1.13.4. 구문 연습

1)

(1) 我们用阳光晒干衣服。 (2) 我们到时候用手机联系吧。

(3) 我们用其他方式试试看吧。 (4) 你用毛巾擦一下脸吧。

(5) 我们用网络查找资料吧。

2)

(1) 어머니는 강물에 옷을 빠신다.

(2) 그는 매일 아침 아령으로 팔 힘을 기른다.

(3) 예전에는 등잔불로 방을 밝혔다.

(4) 이런 간식은 꿀과 크림으로 만든 것이다.

(5) 당신이 친히 사실로써 증명한다면, 그렇다면 내가 믿겠다.

3)

(1) 他用刀削苹果。 (2) 我们用卡结账吧。

(3) 我用手语跟他谈话。 (4) 我用铅笔答题可以吗？

(5) 我们用智慧赢得了比赛的胜利。

1.14.4. 구문 연습

1)

(1) 律师替我辩论。
(2) 我们替他完成这项任务吧。
(3) 他们为我们热情地服务。
(4) 我在教室里给你占了座位。
(5) 我在便利店给你买了一个冰淇淋。

2)

(1) 누나가 내 대신 숙제를 해주었다.
(2) 내가 내일 네 대신 비행기 표를 예약해줄게.
(3) 그는 나를 위해 이 중요한 자료들을 찾아내었다.
(4) 그는 나를 위해 생일케이크를 샀다.
(5) 나는 당신을 위해 마음을 써서 선물 하나를 준비했다.

3)

(1) 他为这本书写了一篇序。
(2) 我替小李出席会议。
(3) 我替你跟老师请假吧。
(4) 他为自己的母校建了一座图书馆。
(5) 他给贫穷孩子们的团体送礼物。

1.15.4. 구문 연습

1)

(1) 喝茶对减肥有效。
(2) 游泳对减肥很有用。
(3) 我对这件事有意见。
(4) 他们要对自己闯的祸负责。
(5) 我从小对中国的电影很感兴趣。

2)

(1) 당신은 중국어에 흥미를 느낍니까?
(2) 그는 늘 친구에 대해 허튼소리를 한다.
(3) 나는 그의 거짓말에 두려움을 느낀다.
(4) 우리는 그의 사람 됨됨이에 대해 아주 안심하지 못한다.
(5) 샤오리는 여러 사람들의 도움에 대해 감사를 표했다.

3)

(1) 运动对身体好。
(2) 我对他的病情很关心。
(3) 多吃蔬菜对你病情有益。
(4) 他对教育工作很有热情。
(5) 老师对于课文中的语法进行说明。

1.16.4. 구문 연습

1)

(1) 他连一个字也没写。
(2) 他连春节都没回家。
(3) 他连脸都没洗就出去了。
(4) 他连面也没见到就回去了。
(5) 他连一声对不起也不肯说。

2)

(1) 그는 한 푼의 돈도 쓰지 않았다.
(2) 그는 눈길 한 번 주지 않고 나가버렸다.
(3) 그는 (가난해서) 강냉이밥조차 먹을 수 없다.
(4) 이 일은 그조차 완성할 방법이 없다.
(5) 그는 교과서조차 보지 않고 시험을 보러갔다.

3)

(1) 他连一首歌也没唱。
(2) 他连小学都没上过。
(3) 他连一分钱也不出。
(4) 他连自己的袜子都不会洗。
(5) 他连饭都没吃就去上班了。

1.1.4. 구문 연습

1)

(1) 他态度端正。
(2) 小李身体很健康。
(3) 那位工程师水平很高。
(4) 他的妹妹眼睛大，嘴巴小。
(5) 小王呢，眼睛不好；所以，只能报考文科。

2)

(1) 강아지는 온몸이 새하얗다.
(2) 아이들은 하나하나가 모두 건강하다.
(3) 이 지역은 그도 아마 낯설 것이다.
(4) 陆의사는 임상경험이 풍부하고, 수술을 잘 한다.
(5) 이 젊은이는 키가 크고, 인물이 좋으며, 품성이 온화하고, 대인관계가 진실되며, 취미도 다양하여 여러 사람들이 아주 좋아 한다.

3)

(1) 长颈鹿，脖子很长。
(2) 这事老高最有办法。
(3) 那本书作者是王蒙。
(4) 老王有三个女儿，最小的钱最多。
(5) 他的两个哥哥，一个是工程师，一个是演员。

1.2.4. 구문 연습

1)

(1) 这个星期天小李值班。
(2) 生日那天我打算去旅游。
(3) 1950年韩国那年发生了韩战。
(4) 这个周末咱们喝两杯啤酒吧。
(5) 年轻的时候我非常喜欢听音乐。

2)

(1) 병이 났을 때에는 말이지, 내가 특히 당신 생각이 납디다.
(2) 내일은 우리가 아침식사를 하고 출근한다.
(3) 그 대지진 때 말이야, 그가 한 쪽 다리를 잃었어.
(4) 중학교 2학년 그해 말이야, 여동생이 같은 반 멋쟁이에게 반했었지.
(5) 매 주말마다, 그녀는 공개할 수 없는 편지를 받으며, 매주 주말마다 그녀는 비밀스런 약속이 있다.

3)

(1) 12月他要去中国。
(2) 明天我们买东西吧。
(3) 两点钟火车通过这座桥。
(4) 周末咱们去爬山，好不好？
(5) 我不在的时候你过得好吗？

1.3.4. 구문 연습

1)

(1) <u>墙上</u>，他挂了一幅画。 (2) <u>窗台上</u>鲜花摆满了。
(3) <u>青岛</u>我年轻时去过那儿。 (4) <u>这方面</u>我们经验太多了。
(5) <u>操场上</u>几个男孩正在那儿踢足球呢。

2)

(1) 호텔에서는 우리가 말하기가 좋지 않다.
(2) 이 방은 내가 물건을 쌓아놓는다.
(3) 학교에는 붉고, 노랗고, 녹색의 색깔 깃발들이 가득 걸려 있다.
(4) 그 작은 가게는 말이지, 무더운 오후에도 고객들이 꽉 찬다.
(5) 그 먼먼 곳에서 말이지, 그는 (그곳에서) 당신의 귀환을 기다린다.

3)

(1) 公园里，孩子们在做游戏。 (2) 西安咱们打算多住一天。
(3) 杭州我上学时去过那儿。 (4) 那个地铁站前面我们在那儿集合。
(5) 那个花园，我们已经在那儿种上牧丹了。

1.4.4. 구문 연습

1)

(1) <u>这件事</u>你可以写一本小说。 (2) <u>这个问题</u>我的意见跟大家不同。
(3) <u>环保问题</u>领导重视不重视大不一样。 (4) <u>这个问题</u>我的意见跟大家不同。
(5) <u>类似现代的足球运动</u>，中国很早就有。

2)

(1) 증거에 대해 말하자면, 당신이 원하는 만큼 있다고.
(2) 회계는 우리가 이미 맡을(/은) 사람이 있다.
(3) 영화에 대해서 말이야, 내가 신문을 보았는데, 최근에는 뭐 좋은 게 없더라구.
(4) 이처럼 중요한 일에 대해, 그들 몇 사람은 지금 머릿속에 아무 인상도 없다.
(5) 이들 앞서 나가는 노동자들이 고난을 극복하고 몰두하여 창조하는 과정에 대해서 말이지, 그 사람은 듣지도 않으려 한다.

3)

(1) 这件事，我有不同看法。 (2) 这个问题意见分歧很大。
(3) 这个问题，我没有发言权。 (4) 韩国有的北京都有。
(5) 这事儿我现在脑子里一点印象也没有了。

1.5.4. 구문 연습

1)

(1) 这把刀他削苹果。

(2) 那块面我把它擀了面条了。

(3) 那袋米田大爷煮了一锅粥。

(4) 那个哑铃他每天拿它练习臂力。

(5) 油灯我们以前用它照亮了屋子。

2)

(1) 이런 약으로는 내가 천식을 고친다.

(2) 이 칼로는 갈비조차 잘 다져지지 않는다.

(3) 이 기름기 있는 그릇은 찬물로는 내가 설거지 할 수가 없다.

(4) 이 사진들로는 그가 영어를 가르친다.

(5) 꿀과 크림으로는 우리가 (그것으로) 이런 간식을 만든다.

3)

(1) 这把刀他用它切肉。

(2) 芹菜王师傅用它包饺子了。

(3) 他的信用卡我们用它结账。

(4) 手语我用它跟他们谈话。

(5) 这套教材，我们用它培养了不少人才。

1.6.4. 구문 연습

1)

(1) 老刘，小李和她谈恋爱。

(2) 小平，小李昨天跟他见过面。

(3) 小刘，小李他每天和她打电话。

(4) 小李，我要和他一起去长城。

(5) 小李，我经常跟他一起吃饭。

2)

(1) 샤오리와는 말이지, 내가 (그와) 잘 말해두었다.

(2) 샤오류와는 말이지, 샤오리가 이미 그녀와 전화 통화를 했다.

(3) 이 사람과는 내가 전에 일을 같이 한 적이 있다.

(4) 왕 선생님과는 내가 몇몇 문제를 상의했다.

(5) 아버지는 말이지, 내가 만나 뵌 지 이미 2년이 되었다.

3)

(1) 小李，我以前跟他见过面。

(2) 这个人，我向他借过两万块钱。

(3) 王老师，我已经和他商量了一个问题。

(4) 小李，我以前跟他下过象棋。

(5) 小李，我和他一起去看电影。

1.7.4. 구문 연습

1)

(1) 那个问题我问过王老师。 (2) 小李，我给他一本书。
(3) 这个消息他们通]我。 (4) 那一张卡片我寄给老师。
(5) 小李，我写给他我的电话号码。

2)

(1) 결혼하는 사람들에게는 내가 늘 이것을 보낸다.
(2) 장기는 내가 라오류를 이겨내지 못한다.
(3) 라오리에게는, 내가 매일 영어를 가르친다.
(4) 이 비밀은 내가 이미 그에게 알렸다.
(5) 그 세 개의 과일은 내가 매일 아침 너희들에게 주겠다.

3)

(1) 汉语我教小李。 (2) 小李，我教他汉语。
(3) 那两千块钱我借给他了。 (4) 孩子我还没给他穿衣服呢。
(5) 小刘，小李买给她一条项链。

1.8.3. 구문 연습

1)

(1) 小李，你们请他早一些来吧。 (2) 老王，你应该劝他休息一会儿。
(3) 老王，我叫他带来一本书。 (4) 小李，我不让他替你做。
(5) 曹植，曹丕叫他在七步内写一首诗。

2)

(1) 샤오리는 말이야, 상사가 그를 파견하여 여기로 오게 한다.
(2) 샤오류에게는 말이죠, 당신이 그녀가 나에게 전화하도록 하세요.
(3) 라오왕에게는 말이지, 이 선생님이 그가 수업내용을 잘 공부하라고 격려하셨다.
(4) 라오왕에게는 말이야, 내가 그에게 많이 밖에 나가 활동하라고 권한다.
(5) 샤오리에게는 말이지, 우리 회사가 그에게 그가 한 사람을 파견하라고 요구했다.

3)

(1) 小李今天我们请他吃饭。 (2) 小李，我们选他当代表。
(3) 小李，你应该劝他休息一会儿。 (4) 老张，我们派他去上海了。
(5) 小李，妈妈让他来接待客人。

1.9.4. 구문 연습

1)

(1) 那个人，我认识。
(2) 小刘，小李非常爱她。
(3) 怎么上因特网我不知道。
(4) 小李的电话号码你知道吗?
(5) 中国人见面时怎样打招呼我还不太了解。

2)

(1) 이 노래는 내가 잘 안다.
(2) 이곳 사람은 그가 모두 안다.
(3) 후다오창은 내가 안다.
(4) 이 영어 문장은 어려워서 나도 모르고, 그도 모른다.
(5) 이 나무는 잎이 커서, 나는 좋아하지 않는다.

3)

(1) 那个人，我认识。
(2) 这件事我记得。
(3) 这个字啊，我不认识。
(4) 怎么换我们都不知道。
(5) 这件事我记不清楚。

1.10.4. 구문 연습

1)

(1) 那本书我已经买了。
(2) 这件衣服我买了八年了。
(3) 会议他们开了三个小时了。
(4) 这个问题我们正在进行讨论。
(5) 湿衣服你早一点挂出去晒晒。

2)

(1) (오늘)아침은 우리 집에 와서 드세요!
(2) 이 일은 너희들이 반드시 해결해야 한다.
(3) 지하철의 광고는 내가 잘 알아듣지 못한다.
(4) 대문은 그가 이미 열쇠를 걸어두었다.
(5) 축구발전의 수준은 우리가 월드컵 시합 중에서 볼 수 있다.

3)

(1) 这种苹果他曾经吃过。
(2) 北京烤鸭我吃过一次。
(3) 《红楼梦》我已经读过。
(4) 交通问题我们解决。
(5) 生鱼片，老张说他不敢吃。

2.1.4. 구문 연습

1)

(1) 我礼物给他了。
(2) 刘兵词典没买。
(3) 小王荔枝吃过。
(4) 他火车没赶上。
(5) 我《红楼梦》读过了。

2)

(1) 그는 일하는 것에는 아주 열심이다.
(2) 그는 그 영화조차 본 적이 있다.
(3) 나는 구기 시합만큼은 적지 않게 보았다.
(4) 그는 이 말조차도 할 줄 모른다.
(5) 너는 이 일의 나쁜 결과에 대해서만큼은 샤오왕에게 말하지 마.

3)

(1) 我礼物给他了。
(2) 他工作很积极。
(3) 我饭菜早做好了。
(4) 你这事别告诉小王。
(5) 他这个数学题都不会做。

2.2.4. 구문 연습

1)

(1) 他什么事都不知道。
(2) 他什么都做不出来。
(3) 我哪儿都不想去。
(4) 我什么东西都不想吃。
(5) 这个人什么活儿都不愿意做。

2)

(1) 그는 뭐든 다 안다.
(2) 이 사람은 어떤 일이든 모두 할 줄 안다.
(3) 나는 어느 곳이든 가고 싶지 않다.
(4) 그는 상하이, 항저우, 난징을 모두 가보았다.
(5) 그는 어떤 일이나 모두 똑 부러지게 처리한다.

3)

(1) 他什么都不懂。
(2) 他一句话也不说。
(3) 他一口水也不喝。
(4) 你什么都做得出来。
(5) 咱们谁也忘不了谁。

2.3.3. 구문 연습

1)

(1) 我今天不去，明天去。

(2) 我那本书读过，这本书没读过。

(3) 他饭吃完了，菜一点儿没动。

(4) 老李天不怕，地不怕，只怕爱人。

(5) 他数学不喜欢，英语非常喜欢。

2)

(1) 그는 어문과목은 안 좋아하나, 과학은 아주 좋아한다.

(2) 그는 국은 다 마셨으나, 면에는 손도 안 댔다.

(3) 나는 밥은 좀 먹고 싶지만, 술은 한 모금도 마시고 싶지 않다.

(4) 그는 콜라도 안 마셨고, 사이다도 안 마셨고, 다만 물만 한 잔 마셨다.

(5) 그 집 애는 아빠도 안 닮고, 엄마도 안 닮고, 옆집의 라오류를 닮았다.

3)

(1) 小李这也不吃，那也不吃。

(2) 我小李见过，小刘没见过。

(3) 这个地方我来过，他没来过。

(4) 我那部电影看过，这部电影没看过。

(5) 我这本书不看了，那本书借我看看。

참고문헌

Chafe(1976), 『'Giveness, Contrastiveness, Definiteness, Subject, Topics, and Point of View' in C. Li, ed, Subject and Topic』(New York: Academic Press)

Chu, Chauncy Cheng-hsi(1998), 『A discourse grammar of Mandarin Chinese』, Berkeley models of grammar ; Vol.6, (New York: Peter Lang pulishing, Inc.

Eva Hajicova 등 지음/고석주 옮김, 『화제-초점, 삼분구조, 의미내용』, 도서출판 월인, 2002

Knud Lambrecht 지음/ 고석주, 김현강 등 옮김, 『정보 구조와 문장 형식』, 도서출판 월인, 2003

Li & Sandra A, Thompson(1981), 『Mandarin Chinese A Functional Reference Grammar』, University of California Press

Li & Sandra A, Thompson, 이창호역, 『SVO에서 SOV로의 변화에 대한 해석(An Explanation of Word Order Change SVO → SOV)』, 서울, 한국중국언어학회편, 송산출판사, 1998(1973a)

Li & Thompson(1976), 「Subject and topic」, A new typology of language.

Mingliang Hu(1993), 「DEFINITENESS AND WORD ODER IN MANDARIN CHINESE」 『JCLTA. VoumeＸＸＶⅢ,No.2』

Mingliang Hu(1993), 「DEFINITENESS AND WORD ODER IN MANDARIN CHINESE」 『JCLTA. VoumeＸＸＶⅢ:No.2』

Pinker(1994), 김한영(1998) 등 역, 『The language instinct』, 서울, 그린비

R.Ellis, 김윤경 역(1998), 『외국어습득론』 서울: 한국문화사

Stephen C. Levison, 이익환역(1996), 『화용론』 서울: 한신문화사

Wu Guo(1998), 『INFORMATIONAL STRUCTURE IN MANDARIN CHINESE』 Beijing: Peking University Press

顾钢, 「话题和焦点分析」 『天津师范大学学报(社会科学版)』, (2001年第1期)

高顺全(2004), 『三个平面的语法研究』, 上海, 学林出版社

陈俊光(2007), 『对比分析与教学应用』, 台北, 文鹤出版有限公司

屈承熹著·潘文国等译(2006), 『汉语篇章语法』, 北京, 北京语言大学出版社

김세미(2009), 『삼항계층분절 이론을 통해 본 현대중국어의 정보구조 연구』, 연세대학교 박사학위논문

김종호(2003), 「현대 중국어의 화제에 관한 화용론적 연구」 『中国学研究』(제25집), 서울, 중국학연구회

김종호(2004), 「현대중국어 '标记焦点' 표현요소에 대하여」 『中国语文学论集(제29호)』, 중국어문학연구회

김종호(2004), 「현대중국어 'NP1+NP2+VP'구조와 정보배열」 『中国学研究(제28집)』

김종호(2007), 『도표로 보는 정통 중국어문법』, 서울, 한티미디어

김종호(2007), 「怎样教韩国学生习得汉语主谓谓语句」 『중국어문학논집(제46호)』, 중국어문학연구회

김종호(2008), 「韩国高中课本里『中国语1』里的 '主谓句' 分析」 『중국연구(제43권)』, 한국외국어대학교 국제지역연구센터 중국연구소

김종호(2009), 「≪论语≫의 'NP, +X+以+VP' 구조에 보이는 명사구의 화제화 양상 분석」 『중국어문학논집(제55호)』, 중국어문학연구회

김종호(2009), 「≪论语≫에 보이는 '以' 전치사구조의 명사구 초점화 양상 분석」『중국연구(제46권)』, 한국외국어대학교 국제지역연구센터 중국연구소
김종호(2011), 『현대중국어 화제화 이중명사구문 연구』, 서울, 한국문화사
남궁양석(2001), 『现代汉语의 语顺 研究』, 고려대학교 박사학위논문
雷莉, 「汉语话题的辖域与层级」『中央民族大学学报(哲学社会科学版)』, (2002年第2期)
雷莉, 「汉语话题标记研究」『西南民族学院学报』, (2001第12期)
雷莉, 「话题与话题的生成」『西南民族学院学报(哲学社会科学版)』, (2002年第1期)
刘丹青(2003), 『语序类型学与介词理论』, 北京, 商务印书馆
刘丹青、徐烈炯, 「焦点与背景、话题及汉语"连"字句」『中国语文』, (1998年第4期)
李宇明著(2002), 『语法研究录』, 北京, 商务印书馆
李泉著(2001), 『汉语语法考察与分析』, 北京, 北京语言大学出版社
李凤琴主编(2005), 『中国现代语法学研究论文精选』, 上海, 上海外语教育出版社
马建忠著, 吕叔湘·王海棻编(1987[1898]), 『马氏文通读本』, 上海, 上海教育出版社
马庆株著(2005), 『汉语动词和动词性结构(一编)』, 北京, 北京大学出版社
马庆株主编(2007), 『汉语动词和动词性结构(二编)』, 邱广君副主编,北京, 北京大学出版社
莫红霞·张学性,「汉语焦点研究概观」『杭州师范学院学报』, (2001第4期)
박호관(2004), 「한국어 이중 주격 구문의 유형과 통사 구조」『우리말글』, 제31집
白水振(2003), 「텍스트 결속성과 중국어 문법 교육」『中国语文学论集 第23号』, 서울, 중국어문학연구회
范开泰·张亚军(2000), 『现代汉语语法分析』, 上海, 华东师范大学出版社
范继淹(1986), 『范继淹语言学论文集』, 北京, 语文出版社
范晓(1996), 『三个平面的语法观』, 北京, 北京外国语学院出版社
范晓(2000), 『汉语的句子类型』, 上海, 书海出版社
范晓(2000), 『汉语的句子类型』, 上海: 书海出版社,
范晓、张豫峰(2003), 『语法理论纲要』, 上海, 译文出版社
傅雨贤、刘街生(2002), 『现代汉语语法学』, 广州, 中山大学出版社
史存直著(2005), 『文言语法』, 北京, 中华书局
[英] 戴维·克里斯特尔 编(2004), 『现代语言学词典』, 商务印书馆
上海师范大学『对外汉语研究』编委会编(2006), 『对外汉语研究(第二期)』, 北京, 商务印书馆
上海师范大学『对外汉语研究』编委会编(2007), 『对外汉语研究(第三期)』, 北京, 商务印书馆
徐杰·李英哲, 「焦点和两个非线性语法范畴, "否定""疑问"」, 『中国语文』, (1993年第2期)
徐烈炯·刘丹青(1998), 『话题的结构与功能』, 上海, 上海教育出版社
石毓智(2000), 『语法的认知语义基础』, 南昌, 江西教育出版社
石毓智, 「汉语的主语与话题之辨」『语言研究』, (2001年第2期)
石毓智著(2004), 『现代汉语语法系统的建立—动补结构的产生及其影响』, 北京, 京语言文化大学出版社
石毓智著(2006), 『语法化的动因与机制』, 北京, 北京大学出版社

石毓智著(2008),『认知能力与语言学理论』, 上海, 学林出版社
税昌锡,『焦点、语义联项与“不”的语义指向』杭州, 西华师范大学学报, (2004年第二期)
손광현(1993),「문장의 정보적 구성과 화제의 통어적 기능 연구」, 한국외국어대학교 대학원 영어과 박사학위논문
孙艳明(2008), 英语语音知识专题讲座(之一)— 英语语音基础知识
송경숙(2003),『담화화용론』, 서울, 한국문화사
송창선(2009),「이른바 '이중주어구문'에 대한 비판적 고찰」『국어교육연구』, 제45집
신계성(1998),「화제의 특성과 기능에 관한 연구」, 동아대학교 대학원 영어영문학과 박사학위논문
신계성(1998),「화제의 특성과 기능에 관한 연구」, 동아대학교 대학원 영어영문학과 박사학위논문
申小龙(1988),『中国句型文化』吉林: 东北师范大学出版社
吕叔湘(1974[1942-1944]),『中国文法要约』, 台北, 文史哲出版社
吕叔湘(1986),「汉语句法的灵活性」, 北京, 中国语文第1期(总第190期)
吴中伟(2004),『现代汉语句子的主题研究』,北京, 北京大学出版社
王力(1956),「主语的定义及其在汉语中的应用」『汉语的主宾语问题』, 北京, 中华书局
王力(1956),「主语的定义及其在汉语中的应用」『汉语的主宾语问题』北京: 中华书局
王力(1984),『王力文集 第一卷』济南: 山东教育出版社
王力(1985),『王力文集 第二卷』济南: 山东教育出版社
王惠著(2004),『现代汉语名词词义组合分析』, 北京, 北京大学出版社
袁毓林(1996),「话题化及相关的语法过程」『中国语文』, 北京, (第4期)
刘顺(2003),「现代汉语语用平面的焦点表达」『南京林业大学学报』
刘鑫民(1995),「焦点、焦点的分布和焦点化」『宁夏大学学报』第1期
陆俭明(2001[1986]),「周遍性主语及其他」『陆俭明自选集』,长春, 东北师范大学出版社
이성하(1998),『문법화의 이해』, 서울, 한국문화사
이정모 · 김문수 · 김영진 · 이재호 외(1999),『인지심리학』서울: 학지사
이정민 · 배영남(1990),『언어학사전』서울: 박영사
李臻仪(2000),「国语中主题名词组之语义研究」『第六届世界华语教学研讨会』台北: 世界华文出版社
이창호(1996),『현대한어 화제에 관한 담화 화용론적 연구』, 고려대학교 박사학위논문
人民教育出版社(1981),『中学教学语法系统提要(试用)』, 北京, 人民教育出版社
张伯江·方梅(2001[1996]),『汉语功能语法研究』南昌: 江西教育出版社
张斌著(2005),『现代汉语语法十讲』, 上海, 复旦大学出版社
张斌主编, 范开泰·张亚军著(2000),『现代汉语语法分析』上海: 华东师范大出版社
张斌主编, 陈昌来著(2000),『现代汉语句子』上海: 华东师范大出版社
张洪宇主编(1999),『海外小学中文课本(一年级--六年级. 第一·二册)』北京: 北京语言学院出版社
钱冠连(1997),『汉语文化语用学』北京: 清华大学出版社

曹逢甫(1979[1995]),『A FUNCTIONAL STUDY OF TOPIC IN CHINESE(主题在汉语中的功能研究)』台北: 学生书局
조성식 외(1990),『英语学辞典』서울: 신아사
조숙환 외(2000),『인간은 어떻게 언어를 습득하는가』, 대우학술총서 482, 서울, 아카넷
赵元任著, 吕叔湘译(1981),『A GRAMMAR OF SPOKEN CHINESE(1968)』台北: 敦煌书局
朱德熙(1982),『语法讲义』, 北京, 商务印书馆
周小兵著(2007),『外国人学汉语语法偏误研究』, 北京, 北京语言大学出版社
中国语文杂志社编(2002),『语法研究和探索(十一)』, 北京, 商务印书馆
中国语文杂志社编(2006),『语法研究和探索(十三)』, 北京, 商务印书馆
陈昌来(2003),『现代汉语语义平面问题研究』, 上海, 学林出版社
陈平,「试论汉语中三种句子成分与语义成分的配位原则」『中国语文』, 北京, (1994第3期·总240期)
刘炎著(2004),『现代汉语比较范畴』, 上海, 学林出版社
崔健·孟柱亿主编(2007),『汉韩语言对比研究(1)』, 北京, 北京语言大学出版社
沈家煊著(2006),『认知与汉语语法研究』, 北京, 商务印书馆
汤廷池 著, 박종한 역(1990),『中国语变形生成文法』서울: 학고방
汤廷池·郑良伟·李英哲编(1983),『汉语句法·语义学论集』, 台北, 学生书局
太平武(2003),「信息论与语言研究」『韩中语言文化研究, 第4辑』, 서울, 한국현대중국연구회
玄玥,「焦点问题研究综述」,『汉语学习』, 延吉, (2002年第4期)
홍우평(2006),「문서 가독성의 제고를 위한 언어학적 제약- 테마-레마 원리를 중심으로 」, 건국대학교출판부

찾아보기

ㄱ

ㄴ

ㄷ

ㅁ

ㅂ

ㅅ

ㅎ

S

跟

黎

马

有

新

是

현대중국어 10문형 50구문

초판 인쇄 2011년 2월 10일
초판 발행 2011년 2월 20일

지 은 이 • 김종호
펴 낸 이 • 박 철
펴 낸 곳 • 한국외국어대학교 출판부
130-791 서울시 동대문구 이문동 270
전화 (02)2173-2495~6
팩스 (02)2173-3363
홈페이지 http://press.hufs.ac.kr
전자우편 press@hufs.ac.kr
출판등록 • 제6-6호(1969. 4. 30)
디자인 · 편집 • (주)이환디앤비 (02)2254-4301
인쇄 · 제본 • 동화인쇄공사(주) (02)719-7181

ISBN 978-89-7464-645-5 13720 정가 14,000원

* 잘못된 책은 교환하여 드립니다.